资助单位：教育部人文社会科重点研究基地重庆工商大学成渝地区双城经济圈建设研究院

成渝地区双城经济圈金融集聚与城市层级体系研究

刘 斌 刘 晗 易 淼 著

中国财经出版传媒集团
中国财政经济出版社
北京

图书在版编目（CIP）数据

成渝地区双城经济圈金融集聚与城市层级体系研究 / 刘斌，刘晗，易森著. -- 北京：中国财政经济出版社，2024. 3

（成渝地区双城经济圈与区域协调发展丛书）

ISBN 978 - 7 - 5223 - 2878 - 2

Ⅰ. ①成…　Ⅱ. ①刘…　②刘…　③易…　Ⅲ. ①区域经济发展 - 研究 - 成都　②区域经济发展 - 研究 - 重庆　Ⅳ. ①F127. 711　②F127. 719

中国国家版本馆 CIP 数据核字（2024）第 039041 号

责任编辑：彭　波　　　　责任印制：史大鹏

封面设计：卜建辰　　　　责任校对：胡永立

成渝地区双城经济圈金融集聚与城市层级体系研究

CHENGYU DIQU SHUANGCHENG JINGJIQUAN JINRONG JIJU YU CHENGSHI CENGJI TIXI YANJIU

中国财政经济出版社 出版

URL：http：//www. cfeph. cn

E - mail：cfeph@ cfeph. cn

社址：北京市海淀区阜成路甲 28 号　邮政编码：100142

营销中心电话：010 - 88191522

天猫网店：中国财政经济出版社旗舰店

网址：https：//zgczjjcbs. tmall. com

中煤（北京）印务有限公司印刷　各地新华书店经销

成品尺寸：170mm × 240mm　16 开　11. 25 印张　170 000 字

2024 年 3 月第 1 版　2024 年 3 月北京第 1 次印刷

定价：68. 00 元

ISBN 978 - 7 - 5223 - 2878 - 2

（图书出现印装问题，本社负责调换，电话：010 - 88190548）

本社图书质量投诉电话：010 - 88190744

打击盗版举报热线：010 - 88191661　QQ：2242791300

前　言

2021年10月，中共中央和国务院正式印发了《成渝地区双城经济圈建设规划纲要》，这标志着成渝地区双城经济圈正式成为继长三角城市群、粤港澳大湾区和京津冀城市群之后的中国经济增长的“第四极”，也标志着成渝城市群的一体化发展迈入了新的阶段。从“成渝经济区”到“成渝城市群”，从“成渝城市群”到“成渝地区双城经济圈”，中共中央、国务院对成渝地区一体化发展寄予厚望，在中国经济发展进入新时代，社会主义现代化征程步入新阶段的背景下，成渝地区双城经济圈的发展对于中国“一带一路”建设、长江经济带发展以及西部地区构建以国内大循环为主体、国内国际双循环相互促进的新发展格局，实现高质量发展具有举足轻重的战略意义。当前，与长三角、粤港澳大湾区和京津冀国内三大最发达城市群相比，成渝城市群不仅在总体规模上存在明显差距，而且在内部结构方面存在着长期以来的区域发展不平衡问题，这是未来成渝地区双城经济圈建设中亟待解决的重大现实问题，也要求成渝地区双城经济圈在关注重庆和成都“双核引领”的同时，需要注重城市规模分布和城市层级体系的合理性，改善成渝地区长期以来的内部发展不平衡问题，有力支撑成渝地区双城经济圈整体竞争力和影响力的提升。关于如何以成渝地区双城经济圈建设为引领，推动成渝城市群经济一体化的进一步发展的问题，2020年中央财经委员会第六次会议在审议《成渝地区双城经济圈建设规划纲要》时提出“要尊重客观规律，发挥比较优势，推进成渝地区统筹发展，促进产业、人口及各类生产要素合理流动和高效集聚”。要促进要素和资源的合理流动和高效集聚不能忽视金融的作用，在《成渝地区双城经济圈建设规划纲要》正式印发两个月以后，2021 年 12 月，中国人民银行、国家发展改革委员会等部门联合印发了《成渝共建西部金融中心规划》，提出到 2025 年将成渝地区双城经济圈初步建成西部金融中心的目标，并指出要“构建具有区域辐射力的金融市场体系，增强金融资源配置能力和影响力”，这无疑为成渝地区协同发展和成渝城市群整体实力的提升指明了方向。可见，关注金融发展在城市层级体系中发挥的作用，探索金融要素分布对成渝地区城市规模分布的影响对于成渝地区双城经济圈的高质量发展具有重要的现实意义。

本研究以成渝地区双城经济圈范围内的各个城市为对象，基于齐普夫经验法则、引力模型和综合指标体系测算等定量方法，分析了成渝城市群各城市近 20 年以来的城市规模和金融资源的发展演变趋势，并建立面板数据模型，探索了成渝地区双城经济圈金融集聚对城市规模的影响及其可能的影响机制。本研究的定量研究得到了以下主要研究结论：（1）成渝城市群长期以来一直存在着城市群内部发展不平衡问题，这一问题不仅表现为地理意义上的“中部塌陷”，即位于城市群中间地带的若干城市在经济社会发展方面明显落后于其他城市，也表现为成渝地区双城经济圈城市体系中缺乏有足够实力的次级中心城市的支撑，更表现为从城市规模分布角度来看，成渝城市群人口规模位于中间位次的城市正在越来越偏离城市群自然分布状态下的理想规模；（2）整体而言，成渝地区双城经济圈中金融基础最好的城市是成都和重庆，成渝两市集中了城市群大部分的金融资源，吸纳了成渝地区双城经济圈内 70% 以上的存贷款和 65% 以上的金融从业人员，除成渝两市以外的其他城市在金融发展方面各有优劣，金融整体发展状况较好的城市同时也存在部分指标上的短板，而金融发展基础较为薄弱的城市也在一些指标上表现出了一定优势。这表明，除了成都和重庆以外，成渝城市群并没有城市能够在金融发展方面比其他城市占据明显而稳定的优势；（3）不论是采用固定效应模型、随机效应模型，还是采用考虑了内生性的动态面板数据模型，成渝地区双城经济圈各城市的金融集聚水平均对其城市规模产生了显著的正向影响，这表明金融资源越集中的地方，越能够吸引更多的人口，从而形成更大的城市规模；（4）成渝地区双城经济圈各城市的金融集聚水平会对其产业结构产生显著的正向影响。同时，成渝地区双城经济圈各城市的产业结构的优化，又会显著地促进其城市规模的提升，这证实了金融资源的集聚会通过促进成渝地区双城经济圈各城市产业结构的优化来扩大其城市规模；（5）从金融资源、产业结构、人口规模、高等教育资源分布和城市中心性等角度对成渝地区双城经济圈区域中心城市成为城市群次级中心城市的潜力进行的分析结果表明：在《规划纲要》确立的8个区域中心城市中，绵阳、南充、宜宾和万州四个城市的整体竞争力更强，在金融资源、人口规模、产业结构和高等教育等方面已初步具备了成为成渝地区双城经济圈次级中心城市的基础实力。但乐山、达州、泸州和黔江四个区域中心城市与同区域的其他城市相比，其在金融资源、人口规模、产业结构和高等教育等方面的优势相对有限，甚至部分方面还存在劣势，其整体人口规模和经济实力还有待进一步提升。（6）在分析成渝地区双城经济圈城市体系与潜在区域中心城市的金融资源分布基础上，本研究从成渝金融市场一体化建设、成渝地区金融空间布局优化、毗邻地区区域金融市场融合发展、金融基础设施完善、共建成渝金融生态环境、推动高等教育一体化、强化金融科技创新支撑、深化数字普惠金融发展等角度，提出了优化成渝地区金融资源分布，构建成渝地区双城经济圈协同发展新格局的对策建议。

目　录

第一章

绪　论

一、研究背景

从 2003 年“成渝经济区”概念第一次在国家层面的报告中出现，2007 年“成渝经济区”地理范围的正式划定，到 2011 年《成渝经济区区域规划》通过，再到 2016 年国家发改委和住建部联合印发《成渝城市群发展规划》，成渝地区经济一体化的发展进程不断推进，成渝城市群的概念和发展思路也在不断演化。近两年来，为进一步引领和推动成渝地区经济一体化发展，中共中央、国务院明确要求以重庆、成都为中心，推动“成渝地区双城经济圈”建设。2020 年 1 月，中央财经委员会第六次会议提出了将成渝地区建设成为“具有全国影响力的重要经济中心、科技创新中心、改革开放新高地、高品质生活宜居地”的“两中心两高地”定位；2020 年 10 月，中央政治局会议审议了《成渝地区双城经济圈建设规划纲要》，并再次强调推动成渝地区双城经济圈建设是“构建以国内大循环为主体、国内国际双循环相互促进的新发展格局的一项重大举措”；2021 年 10 月，中共中央、国务院正式印发了《成渝地区双城经济圈建设规划纲要》，这标志着成渝地区双城经济圈正式成为继长三角城市群、粤港澳大湾区和京津冀城市群之后的中国经济增长的“第四极”，也标志着成渝城市群的一体化发展迈入了新的阶段。

作为西部地区经济发展最具活力、人口最为密集、发展基础最好的城市群，成渝地区双城经济圈总面积 18.5 万平方千米，常住人口占全国总人口的比例达到 7%，其地区生产总值占全国国内生产总值的比重也超过 6%。然而，与长三角、粤港澳和京津冀国内三大城市群相比，成渝城市群不论是在总体规模还是内部结构方面，均存在着相当明显的差距：一方面，成渝地区双城经济圈的经济规模和整体实力在四大城市群中是较为靠后的，与长三角、粤港澳和京津冀城市群相比，还存在一定追赶的空间；另一方面，与长三角、珠三角等城市群形成的“中心城市—次级和多级中心城市—中小城市”这一发展相对均衡的城市群内部结构不同，成渝城市群内部存在着较为突出的区域发展不平衡问题，使得成渝城市群的发展缺少有足够实力的次级中心城市的支持。从城市人口规模看，根据国家统计局按照第七次全国人口普查数据城区常住人口的划分，重庆和成都城区常住人口均超过1000万人，是我国7个超大城市中的两个，但是除了重庆和成都以外，其他城市的城区人口均没有超过300万人，在层级体系中缺少特大城市、人口超过300万人的大城市的支撑；从地区生产总值看，2020年重庆市地区生产总值为25002.79亿元，而成都市地区生产总值也达到了17716.7亿元，是成渝地区双城经济圈名副其实的“双核”，然而，在成渝地区双城经济圈范围内，除了重庆和成都这两个中心城市以外，其他城市的整体经济社会发展实力却与这两个城市存在巨大的差距，截至2020年，地区生产总值超过3000亿元的城市仅有1个，地区生产总值达到2000亿以上的城市也仅有6个。重庆和成都这两个“双核”与成渝城市群其他城市在发展上的巨大差距使得资源不断向“双核”集中，而其他城市则发展缓慢，目前还未能形成“中心城市—次级中心城市—中小城市”协调发展的局面。而成渝地区双城经济圈在中心城市和中小城市之间缺少具有足够体量的次级中心城市支撑，近年来，这一城市群内部发展不平衡的现象多被学者们称为“中部塌陷”。

早在2016年的《成渝城市群发展规划》就提出了到2030年使“成渝城市群完成由国家级城市群向世界级城市群的历史性跨越”目标；而《成渝地区双城经济圈建设规划纲要》进一步提出了将双城经济圈建设成为“具有国际影响力的活跃增长极和强劲动力源”的远景目标。当前，成渝地区双城经济圈已经成为中国经济发展的“第四极”，要进一步提升成渝城市群整体实力，实现由国家级城市群向世界级城市群的重要跨越，亟须解决当前城市群整体实力不强且内部结构不合理的问题。而培育一批实力强劲的次级中心城市，不仅有望解决成渝地区内部发展不平衡问题，也能够有力支撑成渝地区双城经济圈整体实力的提升。如何以成渝地区双城经济圈建设为引领，推动成渝城市群经济一体化的进一步发展，中央财经委员会第六次会议提出“要尊重客观规律，发挥比较优势，推进成渝地区统筹发展，促进产业、人口及各类生产要素合理流动和高效集聚”。要促进要素和资源的合理流动和高效集聚不能忽视金融的作用，一般认为，金融资源的分布会通过资金融通和资本运作等多个机制来促进资源在区域之间合理配置，从而对于要素的高效配置起到了重要的作用。有鉴于此，在《成渝地区双城经济圈建设规划纲要》正式印发两个月以后，2021 年 12 月，中国人民银行、国家发展改革委员会等部门联合印发了《成渝共建西部金融中心规划》，提出了到 2025 年将成渝地区双城经济圈初步建成西部金融中心的目标，并指出要“构建具有区域辐射力的金融市场体系，增强金融资源配置能力和影响力”，这无疑为成渝地区经济协同发展乃至城市群整体实力的提升指明了方向。

从成渝经济区到成渝城市群，从成渝城市群到成渝地区双城经济圈，中共中央、国务院对成渝地区一体化发展寄予厚望，在中国经济进入新时代，现代化征程步入新阶段的背景下，成渝地区双城经济圈的发展对于我国“一带一路”建设、长江经济带发展以及西部地区构建新的发展格局，实现高质量发展具有举足轻重的战略意义。本研究拟以成渝地区双城经济圈各城市为对象，刻画金融要素分布对其城市规模和城市层级的影响，并探索以金融集聚优化成渝地区双城经济圈城市层级体系，促进成渝地区双城经济圈协同发展的路径。

二、研究意义和价值

（一）理论意义

虽然近年来有一些研究关注了成渝城市群内部存在的城市发展不平衡即所谓的“中部塌陷”问题，但是当前大部分研究仅限于理论上的探讨，较为严谨的定量和实证研究相当匮乏。同时，作为一项非常重要的制度性资源，金融对城市和区域发展的作用是不容忽视的，现有研究较少关注金融资源分布对城市规模和城市群发展的影响，本研究尝试对成渝地区城市层级体系发展中的内部不平衡问题进行定量观察，并实证测度金融集聚对成渝地区城市规模分布的影响及其影响机制。本研究所采用的测量指标体系和方法可以为其他研究提供借鉴，并丰富金融集聚和城市经济学相关领域的研究，在理论上具有一定的创新性和边际贡献。

（二）实践价值

面对成渝地区长期以来存在的区域发展不平衡的问题，2020 年 10 月的中共中央政治局会议在明确了使成渝地区成为具有全国影响力的重要经济中心、科技创新中心、改革开放新高地、高品质生活宜居地的“两中心两高地”定位的同时会议还特别强调了要“处理好中心和区域的关系”，实现“以点带面、均衡发展”的局面。那么，在成渝地区双城经济圈的发展已经上升为国家战略的背景下，如何在增强重庆和成都“双核”发展能级和综合竞争力的同时，培育一批具有足够规模和竞争力的次级中心城市，克服成渝城市群长期以来的区域发展不平衡问题，实现经济圈内不同层级城市的均衡发展。本选题探索以金融要素的分布为手段，完善成渝地区城市层级体系，优化成渝地区协同发展新格局的路径；并试图分析如何处理好成渝西部金融中心建设与区域协调发展之间的关系，对于新发展格局下成渝共建西部金融中心，将成渝地区双城经济圈打造成为具有国际影响力的活跃增长极和强劲动力源均具有重要的现实意义。

三、研究的基本内容

（一）研究思路、框架与预期目标

1. 研究思路。

以问题为导向、立足政策亟须，遵循“提出问题，分析问题，解决问题”的思路，拟从“理论研究—现状分析—实证研究—对策研究”的逻辑展开：

首先，梳理与城市规模和层级、金融集聚和区域协调发展相关的国内外城市经济学、经济地理学、金融学等相关理论，为后文实证研究奠定理论基础；其次，选取多项综合指标和分布函数对成渝城市群城市规模演变、城市层级体系和金融集聚程度进行定量测度；再次，利用成渝地区近年的面板数据建立实证模型，分析刻画金融集聚对成渝地区城市规模分布的影响及其机制；最后，在对规划中的区域中心城市成为成渝地区次级中心城市的潜力进行探讨的基础上，探索以金融集聚优化成渝地区双城经济圈城市层级体系，改善“中部塌陷”，促进成渝地区双城经济圈协同发展的路径。

2. 研究框架。

（1）理论基础：城市规模和金融集聚相关理论研究。

第一，梳理与金融集聚、城市规模和城市群层级体系相关的城市经济学、金融学和经济地理学基础理论；第二，对与城市规模分布和城市群层级体系、金融集聚和区域协调发展的相关经验研究进行梳理和述评。

（2）现状分析：成渝地区双城经济圈城市层级体系和金融集聚定量测度。

第一，从城市规模演变和城市层级体系发展角度，利用齐普夫法则等理论工具，分析成渝城市群各城市规模和城市层级的发展演化；第二，利用引力模型和城市中心性指标，选取多方面指标构建评价体系，对成渝地区双城经济圈的城市层级体系进行定量测度；第三，构建综合指标体系，对成渝地区双城经济圈的金融发展和金融资源集聚程度进行定量测度。

（3）实证研究：金融集聚对成渝地区双城经济圈城市规模分布的影响及其机制。

第一，以成渝地区双城经济圈各地级及以上城市为研究对象，建立面板数据模型，探索金融集聚对成渝地区城市规模和城市层级体系的影响；第二，对金融集聚影响城市规模分布和层级体系的潜在机制进行实证刻画。

（4）比较研究：成渝城市群次级中心城市潜力分析。

分别从金融资源分布、产业结构分布、人口规模和人口结构、高等教育资源分布和城市中心性等角度，对绵阳、乐山、南充、达州、宜宾、泸州、黔江和万州 8 个区域中心城市的经济社会发展基础实力进行比较分析，并对上述城市成为成渝城市群次级中心城市的潜力进行探讨。

(5)对策研究：以金融集聚优化成渝地区双城经济圈城市层级体系的路径。

在理论研究、现状分析和实证研究基础上，采用对策和案例研究方法，并借鉴国内外发达地区城市群发展的经验和教训，探索以金融资源分布优化成渝地区城市层级体系，改善“中部塌陷”，构建成渝地区双城经济圈协同发展新格局的路径和对策。

3. 预期目标。

第一，对成渝地区双城经济圈城市规模及层级体系演变和金融集聚程度进行定量测度；第二，实证刻画金融集聚对成渝地区双城经济圈城市规模体系的影响及其机制；第三，评估成渝地区 8 个规划中的区域中心城市成为城市群次级中心城市的潜力；第四，探索以金融资源分布优化成渝地区双城经济圈城市层级体系，构建协同发展新格局的路径。

(二) 研究的重难点

本研究重点是对金融集聚与成渝地区双城经济圈城市规模分布的关系及其机制进行实证刻画。而本选题的难点是选择合适的指标体系和建模方法对成渝地区双城经济圈城市规模、城市群层级体系和金融集聚程度进行精准测度，并探索金融集聚对城市规模分布的影响。

四、研究方法和技术路线

(一) 研究方法

1. 文献和理论研究。

利用比较分析、归纳和演绎法和文本分析等方法，梳理相关国内外文献，并借鉴城市经济学、金融学和经济地理学的相关理论模型构建基本理论框架。

2. 实证研究。

第一，基于齐普夫函数对成渝地区双城经济圈城市规模分布及其演化过程进行观察；第二，利用熵值法等方法构建指标体系对成渝城市群城市层级体系和金融集聚进行定量测度；第三，利用系统广义矩估计、固定效应和随机效应模型等计量工具对成渝地区双城经济圈金融集聚对城市规模和城市层级体系的影响进行建模分析。

3. 对策研究。

采用比较分析、案例分析和政策文本分析等方法，基于本书的理论研究和实证研究结论，并借鉴发达城市群的相关建设经验，探索以金融要素分布的优化为手段，改善成渝地区城市层级体系，促进区域协调发展，构建成渝地区双城经济圈协同发展新格局的对策。

（二）技术路线

本研究遵循“现状分析—理论研究—实证研究—对策研究”的逻辑展开，具体思路如图 1－1 所示。

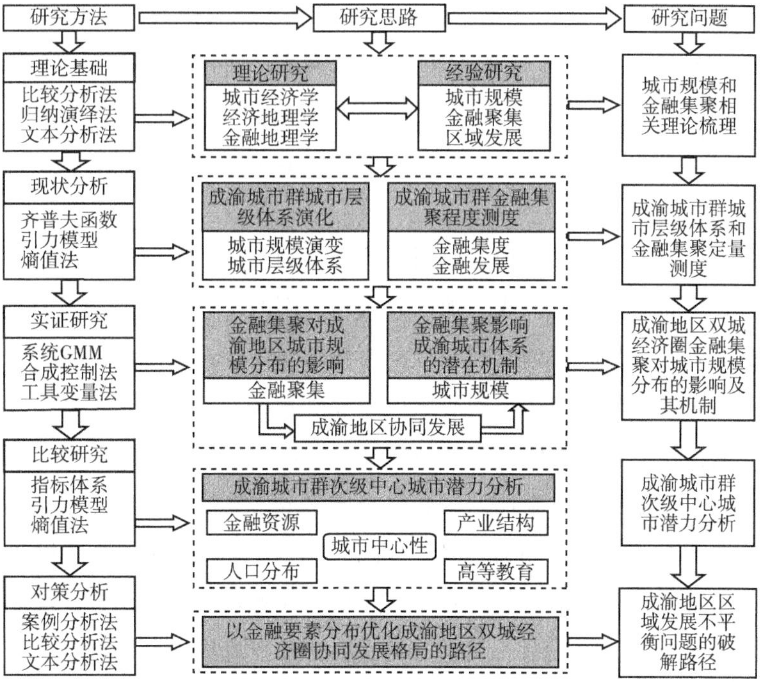

图 1－1　技术路线图

五、创新点和可能存在的不足

（一）可能的创新

第一，近年来虽然有一些研究关注了成渝地区城市群发展中存在的区域发展不平衡问题，但是当前的大部分研究仅限于理论上的探讨，相关实证研究尚比较匮乏，本研究关于成渝城市群“中部塌陷”问题的定量测度，有望为相关领域提供新的经验证据。同时，本研究从城市层级体系和齐普夫法则角度对成渝城市群“中部塌陷”问题的探讨，丰富了学界对成渝地区发展不平衡的认识，所采用的评价思路和方法也可以为其他相关研究提供借鉴。

第二，现有关于金融集聚和城市规模的相关理论和实证探讨多关注城市层级或城市规模对金融集聚的影响，但是关于金融资源对城市规模、城市层级和区域发展的影响等方面的研究还比较有限，本研究关于金融集聚对成渝城市群城市层级的影响研究及其影响机制的探讨，有望深化学术界对金融资源和城市规模相互关系的理解，丰富对金融要素影响城市规模的机制的认知。

第三，在中央大力推动构建以国内大循环为主体、国内国际双循环相互促进的新发展格局的背景下，成渝地区双城经济圈的发展被寄予厚望，现有研究对成渝地区双城经济圈协调发展和成渝西部金融中心建设之间关系的关注尚比较有限，对成渝地区潜在区域中心城市在金融发展、产业结构和城市规模等方面的关注也存在不足，本研究在从金融资源、产业结构、人口分布、高等教育和城市中心性等方面对成渝地区区域中心城市成为成渝次级中心城市的潜力进行探讨的基础上，探索以金融要素的集聚为手段，优化成渝地区城市层级体系，促进区域协同发展的路径，并试图分析如何处理好成渝西部金融中心建设与区域协调发展之间的关系，有望为新发展格局下成渝地区双城经济圈高质量发展提供理论支撑和对策参考。

（二）可能的不足

第一，研究对象的选择。由于统计方面的原因，成渝地区双城经济圈区县级指标的多数数据存在无法获得或者大量缺失的情况，本研究在进行现状分析和实证研究时，与现有研究一样，本书的研究对象没有深入区县一级行政区域，主要以成渝地区16个地级及以上城市为观察单位，由于这些城市中的个别县级区域并没有包含在成渝地区双城经济圈范围内，因此本书的研究范围要略大于严格的成渝地区双城经济圈范围，这可能是本书数据分析部分存在的不足。

第二，实证方法的选择。由于当前关于成渝地区双城经济圈部分领域的数据尚不是特别全面，导致本研究对文章基准模型可能存在的遗漏变量偏误等内生性问题进行处理时，主要采用了不依赖于外生工具变量的系统广义矩估计等方法，而没有采用其他内生性问题处理方法。

第二章

从“成渝经济区”到“成渝地区双城经济圈”

从自然资源和地理风貌来看，四川盆地是中国四大盆地之一，由于其优越的自然资源，素有“天府之国”的美誉，也是人类最早的纸币“交子”的发祥地。四川地区拥有丰富的矿产资源和水资源，是中国重要的农业基地之一，盛产稻米、小麦、玉米等农作物；同时也是我国重要的能源供应地，拥有丰富的天然气和煤炭等资源。重庆是中国四大直辖市之一，是中国重要的工业城市和物流枢纽城市，也是西部大开发重要战略支点、“一带一路”和长江经济带重要联结点及内陆开放高地。重庆因其多山地的地理风貌被称为“山城”，同时也拥有丰富的植物和金属矿产等自然资源。四川和重庆均位于长江上游地区，由于邻近的地理位置和相似的历史文化，往往被合称为“川渝地区”。川渝地区历来是中国西部和长江上游地区最为富庶的地区之一，改革开放以来，重庆和四川也逐渐成为中国西部最具经济增长活力的地区。作为西部地区人口最密集、产业基础最雄厚、创新能力最强、开放程度最高的区域，成渝城市群总面积18.5万平方千米，2018年常住人口占全国6.8%，地区生产总值占全国的6.4%。从2003年“成渝经济区”概念第一次在国家层面出现、2007年“成渝经济区”地理范围划定、2011年《成渝经济区区域规划》通过到2016年国家发改委和住建部联合印发《成渝城市群发展规划》，成渝城市群的概念不断深化。直到近几年来，为了进一步促进成渝城市群一体化发展，中共中央、国务院明确要求以重庆、成都为中心，推动“成渝地区双城经济圈”建设，2020年中共中央政治局召开会议，审议《成渝地区双城经济圈建设规划纲要》，指出要打造西部高质量发展的重要增长极，推动成渝地区双城经济圈建设，有利于形成优势互补、高质量发展的区域经济布局，有利于拓展市场空间、优化和稳定产业链供应链，是构建以国内大循环为主体、国内国际双循环相互促进的新发展格局的一项重大举措。中央再次强化了重庆和成都两个中心城市对川渝地区的带动作用，明确了使成渝地区双城经济圈成为具有全国影响力的重要经济中心、科技创新中心、改革开放新高地、高品质生活宜居地，西部高质量发展重要增长极，长江经济带的战略支撑，国家推进新型城镇化重要示范区的战略定位。2021 年 10 月 20 日，中共中央和国务院正式印发了《成渝地区双城经济圈建设规划纲要》，标志着成渝地区双城经济圈正式成为继长三角城市群、粤港澳大湾区和京津冀城市群之后的中国经济增长的“第四极”，也标志着成渝城市群的一体化发展迈入了新的阶段。从成渝经济区到成渝地区双城经济圈，成渝经济区经济一体化战略的发展可以大致分为以下三个阶段。

一、成渝经济区规划的萌芽和发展

一般认为，“成渝经济区”的概念第一次出现在国家层面的文本中始于 2003 年。中国科学院地理科学与资源研究所撰写的研究报告《中国西部大开发重点区域规划前期研究》提出：“在未来 5 ~ 10 年内，要积极构建以成渝两大都市为中心、各级中心城市相互联系和合作的中国西部最大的双核城市群，形成西部大开发的最大战略支撑点，西部地区人口、产业、信息、科技和文化等集聚中心，长江上游经济带的核心。”2004 年，国务院西部开发办公室规划组在《中国西部大开发中重点经济带研究》中指出：“长江上游经济带的空间布局特征是‘蝌蚪型经济带’，区域中心是成渝经济区”这是国家层面对成渝经济区建设的最早的规划。同年，地方政府方面的合作也有序展开，在四川省成都市签署《关于加强川渝经济社会领域合作共谋长江上游经济区发展的框架协议》和交通、旅游、农业、公安、文化、广播电视 6 个方面的具体协议，标志着整个成渝经济区建设进入一个新的历史阶段。学术界对于成渝经济区建设也积极出谋划策，2005 年，由四川省社会科学院联合重庆社会科学院及川渝地区多位专家完成的国家发改委“十一五”规划课题《共建繁荣：成渝经济区发展思路研究——面向未来的 7 点策略和行动计划》第一次对成渝经济区展开了专题研究，这为后来国家发改委把成渝地区列为“十一五”经济区规划的试点地区提供了有力的理论依据和现实佐证。

2006 年的国家西部大开发“十一五”规划中明确提出了建设成渝经济区的规划。2007 年《关于推进川渝合作共建成渝经济区的协议》正式签署，提出打造中国经济增长“第四极”的目标。该协议是有关成渝经济区建设的最重要的标志性文件，也是最具指导性和现实性的双边合作协议，不仅确定了“成渝经济区”的地理范围，确定建立统一的工作和协调机制，还就基础设施建设、一体化市场体系、产业协作、共建生态屏障等合作目标和主要措施达成框架性协议。

2008 年，国家发改委牵头成立《成渝经济区发展规划》编制协调指导小组和规划编制工作组，会同国务院有关部门和四川省及有关研究单位共同完成。2008 年 10 月，川渝两省市签署《关于深化川渝经济合作框架协议》，标志着川渝合作共建成渝经济区进一步深化。2008 年，成渝两地政府工作报告，都将建设成渝经济区列为今后五年重点推进的工作之一。同年，在国务院西部办颁发的《西部大开发“十一五”规划》中，提出重点建设成渝、关中—天水、北部湾等重点经济区，把其建设成为带动和支撑西部大开发的战略高地。

2010 ~ 2011 年，成渝经济区一体化建设战略加速推进。2010 年 2 月，时任国家发改委副主任杜鹰率成渝经济区联合调研组赴川，就编制《成渝经济区区域规划》进行调研。在这次会议上，杜鹰表示，将成渝经济区提升到国家战略层面考虑，通过规划的编制和实施，把成渝经济区建设成为国家新的重要增长极。2010 年 2 月 27 日，国家部委联合调研组与四川、重庆两省市交换意见会在重庆市召开。会上，国家部委联合调研组副组长、国家发展改革委地区经济司司长范恒山强调，要从充分反映国内外环境的新变化、贯彻国家战略的要求、体现地方的实际需要三个方面把成渝经济区区域规划编制成一个高水平的规划，要在战略定位、空间布局、产业结构、基础设施建设、区域协调发展、生态环境保护、深化改革和扩大开放等方面下功夫，提升规划高度、体现规划特色。2010 年 7 月，国家发改委编制完成《成渝经济区区域规划》（征求意见稿）。同年 12 月，《成渝经济区区域规划》经国家发改委主任办公会审议通过，上报国务院审批。

2011 年 3 月 1 日，《成渝经济区区域规划》经国务院常务会议讨论并原则通过。2011 年 5 月 5 日，国务院常务会议正式同意批复《成渝经济区区域规划》。会议指出，在新形势下加快成渝经济区发展，对深入推进西部大开发，促进全国区域协调发展，增强国家综合实力，具有重要意义。要深化改革，扩大开放，优化空间布局，推动区域一体化发展，推进统筹城乡改革，提升发展保障能力，发展内陆开放型经济，构建长江上游生态安全屏障。

二、从“成渝经济区”到“成渝城市群”

随着《成渝经济区区域规划》在 2011 年经国务院会议的正式通过，该规划成为指导成渝地区一体化发展的重要文件。经过数年的发展，成渝经济区一体化逐渐发展为“成渝城市群”的概念。2016 年 4 月 12 日，国务院印发《关于成渝城市群发展规划的批复》（国函〔2016〕68 号），批复同意《成渝城市群发展规划》。2016 年 4 月 27 日，国家发展和改革委员会、住房和城乡建设部以“发改规划〔2016〕910 号”文件联合印发《成渝城市群发展规划》。同时，文件指出：成渝城市群发展规划，依据《全国主体功能区规划》《国家新型城镇化规划（2014～2020 年）》和《国务院关于依托黄金水道推动长江经济带发展的指导意见》编制，是培育发展成渝城市群的指导性、约束性文件。

至此，从成渝经济区到成渝城市群规划理念的发展，成渝城市群范围也进一步明确，具体包括重庆市的渝中、万州、黔江、涪陵、大渡口、江北、沙坪坝、九龙坡、南岸、北碚、綦江、大足、渝北、巴南、长寿、江津、合川、永川、南川、潼南、铜梁、荣昌、璧山、梁平、丰都、垫江、忠县等 27 个区（县）以及开州、云阳的部分地区，四川省的成都、自贡、泸州、德阳、绵阳

(除北川县、平武县)、遂宁、内江、乐山、南充、眉山、宜宾、广安、达州(除万源市)、雅安(除天全县、宝兴县)、资阳等15个市,总面积18.5万平方千米。成渝城市群围绕重庆和成都这两个中心城市,是西部大开发的重要平台,是长江经济带的战略支撑,也是国家推进新型城镇化的重要示范区,培育发展成渝城市群,发挥其沟通西南西北、连接国内国外的独特优势,推动“一带一路”和长江经济带战略契合互动,有利于加快中西部地区发展、拓展全国经济增长新空间,有利于保障国土安全、优化国土布局。

三、从“成渝城市群”到“成渝地区双城经济圈”

成渝城市群一体化建设从2018年开始进一步提速。2018年11月,中共中央和国务院《关于建立更加有效的区域协调发展新机制的意见》中明确要求,要以重庆、成都为中心,引领成渝城市群发展,带动相关板块融合发展。加强“一带一路”建设、长江经济带发展,推动各区域合作联动。根据成渝城市群发展规划要求,到2020年,成渝城市群将基本建成国家级城市群。到2030年,重庆、成都等国家中心城市的辐射带动作用明显增强,实现由国家级城市群向世界级城市群的历史性跨越。

2019年7月,在推进川渝经济社会发展全面合作座谈会上,四川和重庆签署了包括《深化川渝合作推进成渝城市群一体化发展重点工作方案》《关于合作共建中新(重庆)战略性互联互通示范项目“国际陆海贸易新通道”的框架协议》2个重点工作方案(协议)和《共建合作联盟备忘录》在内的“2+16”个协议(方案);重庆两江新区党政代表团赴四川天府新区考察,谋划推动新一轮的产业规划、城市规划、开放规划和创新规划;10月,《成都市推进西部陆海新通道建设促进南向开放合作三年行动计划(2019~2021年)》印发,提出加快建设成都天府新区、自由贸易试验区和重要口岸,成渝两地相向而行、协同发展脚步愈发坚定。

2020年1月,中共中央财经委员会第六次会议强调,成渝地区双城经济圈建设是一项系统工程,要加强顶层设计和统筹协调,突出中心城市带动作用，强化要素市场化配置，牢固树立一体化发展理念，做到统一谋划、一体部署、相互协作、共同实施，唱好"双城记"。要加强交通基础设施建设，加快现代产业体系建设，增强协同创新发展能力，优化国土空间布局，加强生态环境保护，推进体制创新，强化公共服务共建共享。该会议明确指出："推动成渝地区双城经济圈建设，有利于在西部形成高质量发展的重要增长极，打造内陆开放战略高地，对于推动高质量发展具有重要意义。要尊重客观规律，发挥比较优势，推进成渝地区统筹发展，促进产业、人口及各类生产要素合理流动和高效集聚，强化重庆和成都的中心城市带动作用，使成渝地区成为具有全国影响力的重要经济中心、科技创新中心、改革开放新高地、高品质生活宜居地，助推高质量发展。"

2020 年 10 月 16 日，习近平总书记主持召开的中共中央政治局会议审议了《成渝地区双城经济圈建设规划纲要》。会议指出，"当前我国发展的国内国际环境继续发生深刻复杂变化，推动成渝地区双城经济圈建设，有利于形成优势互补、高质量发展的区域经济布局，有利于拓展市场空间、优化和稳定产业链供应链，是构建以国内大循环为主体、国内国际双循环相互促进的新发展格局的一项重大举措"。

2021 年 10 月 20 日，中共中央和国务院正式印发了《成渝地区双城经济圈建设规划纲要》，这标志着成渝地区双城经济圈正式成为继长三角城市群、粤港澳大湾区和京津冀城市群之后的中国经济增长的"第四极"，也标志着成渝城市群的一体化发展迈入了新的阶段。

2021 年 12 月，中国人民银行等部门联合印发《成渝共建西部金融中心规划》，目标到 2025 年，初步建成西部金融中心，科创金融、普惠金融、绿色金融、消费金融、供应链金融等特色金融服务体系更加完善，基本建成中国（西部）金融科技发展高地。到 2035 年，西部金融中心地位更加巩固。基本确立具有较强金融资源配置能力和辐射影响力的区域金融市场地位，西部金融中心的国际影响力显著增强。该规划明确了共建西部金融中心的"六体系一基础"政策框架，并从金融机构组织体系、金融市场体系、金融服务体系、金融创新体系、金融开放体系、金融生态体系、金融基础设施七个方面，提出了 28 项具体政策措施。

2023年，为推动成渝地区双城经济圈市场一体化建设，合力打造区域协作高水平样板，加快融入高效规范、公平竞争、充分开放的全国统一大市场建设，重庆市人民政府办公厅和四川省人民政府办公厅联合印发《推动成渝地区双城经济圈市场一体化建设行动方案》。该方案提出了到2025年，区域内市场基础设施实现互联互通，商品要素资源流动更加顺畅，市场制度规则基本统一，市场监管协作更加有力，参与国内和国际竞争合作新优势明显提升，区域市场一体化基本实现，为构建高标准市场体系、推动成渝地区双城经济圈建设提供坚强支撑的发展目标。

从前文对成渝地区区域发展战略的演变过程的梳理可以看出，从“成渝经济区”到“成渝城市群”，从“成渝城市群”到“成渝地区双城经济圈”，改革开放以来，中共中央、国务院对成渝地区的一体化发展寄予厚望，出台了一系列旨在促进成渝地区一体化发展的重大政策（主要政策见表2－1），在中国经济构建以国内大循环为主体、国内国际双循环相互促进的新发展格局的背景下，成渝地区双城经济圈发展对我国“一带一路”建设、长江经济带发展以及西部地区高质量发展具有举足轻重的战略意义。

表2－1　成渝地区双城经济圈发展重要的支持政策

年份	文件名称	发展定位
2000年	《国务院关于实施西部大开发若干政策措施的通知》	发挥中心城市作用，以线串点，以点带面，逐步形成我国西部有特色的西陇海兰新线、长江上游、南（宁）贵（阳）昆（明）等跨行政区域的经济带，带动其他地区发展，有步骤、有重点地推进西部大开发。
2007年	《国家发展和改革委员会关于批准重庆市和成都市设立全国统筹城乡综合配套改革试验区的通知》	重庆市和成都市要从两市实际出发，根据统筹城乡综合配套改革试验的要求，全面推进各个领域的体制改革，并在重点领域和关键环节率先突破，大胆创新，尽快形成统筹城乡发展的体制机制，促进两市城乡经济社会协调发展，也为推动全国深化改革，实现科学发展与和谐发展，发挥示范和带动作用。
2011年	《国务院关于成渝经济区区域规划的批复》	努力把成渝经济区建设成为西部地区重要的经济中心、全国重要的现代产业基地、深化内陆开放的试验区、统筹城乡发展的示范区和长江上游生态安全的保障区，在带动西部地区发展和促进全国区域协调发展中发挥更加重要的作用。

续表

年份	文件名称	发展定位
2016 年	《国务院关于成渝城市群发展规划的批复》	牢固树立和贯彻落实创新、协调、绿色、开放、共享的新发展理念，着力加强供给侧结构性改革，加快培育新的发展动能，以建设具有国际竞争力的国家级城市群为目标，全面融入“一带一路”和长江经济带建设，打造新的经济增长极。
2021 年	《成渝地区双城经济圈建设规划纲要》	加强顶层设计和统筹协调，牢固树立一体化发展理念，唱好“双城记”，共建经济圈，合力打造区域协作的高水平样板，在推进新时代西部大开发中发挥支撑作用，在共建“一带一路”中发挥带动作用，在推进长江经济带绿色发展中发挥示范作用。

第三章

城市规模和金融集聚相关文献综述

一、城市层级与城市规模理论

（一）城市规模与城市层级

从冯·杜能于1826年撰写的《孤立国同农业和国民经济的关系》中提出的单中心城市模型开始，对城市规模与城市层级体系的探索成为了城市经济学和经济地理学等学科研究的核心问题之一（梁琦，2004）。作为新古典区位理论的代表人物，Christaller（1933）的中心—地方理论认为，由制成品的差异性引起的规模经济和运输成本之间的均衡会形成不同规模的城市之间的明确分工，从而形成城市体系。Henderson（1974）则指出，城市规模是由外部经济与外部不经济之间的权衡决定的。Krugman（1996）的空间经济模型利用市场潜力函数刻画了新城市和城市层级的动态生成过程。Brakman（1999）将拥塞成本引入城市模型，并指出城市体系的形成是城市中的企业的自由选址决定的。Eeckhout（2004）的城市模型则认为，城市规模是集聚效应和拥塞效应共同作用的结果。

一个城市的规模多大才算是合理的，是否存在一个最优规模？在城市最优规模问题中，有部分研究关注了城市绝对规模的合理性，并认为从聚集效应的角度，一个城市存在其合理城市规模，也存在最优城市规模（周一星，1995）；亦有学者尝试对城市最优规模进行了测算，例如，王小鲁和夏小林（1999）对中国城市的规模收益和外部成本进行了比较研究，发现在100万～

400万人时，城市的净规模收益最大，据此指出人口规模处于100万~400万人区间的城市可以称为最佳规模城市。然而，朱冬青（2021）等研究指出，从绝对规模角度无法对一个城市的最优规模进行有意义的衡量，100万~400万的最优人口规模适合于中国每一个城市是有待商榷的。可见，现实中的城市面临着千差万别的资源和其他条件约束，一些研究所测算出的城市最优规模的适用性是相对有限的。

孤立地讨论一个城市的绝对规模是否合理存在较大局限性，而一个城市的最优规模只有放在更广阔的范围（国家、区域或城市群）内才更有研究意义。因此，更多研究将单个城市置于整个城市层级体系中来观察，考察城市在其中的角色与定位，从国家或城市群的城市层级体系角度来探讨城市规模的相对合理性。大量城市经济学研究发现，一个国家或地区城市体系中的城市规模分布往往是有规律可循的，当前被广泛应用和接受的城市分布研究可以大致分为两类：一类是帕累托分布，其中最为著名的是“齐普夫法则”（Zipf's Law），或称“齐普夫定律”“齐夫法则”等；另一类是对数正态分布，也被称为“吉布拉定律”（Gibrat's Law）。在研究一个国家整体的城市规模分布时，现有研究多使用对数正态分布（Eeckhout，2004、2009；Levy，2009；李兵等，2019）；而帕累托分布则多被用于研究大城市或者城市化水平相对较高地区的最优城市体系（Luckstead & Devadoss，2014；Rosen & Resnick，1980；梁琦等，2013），尤其是作为帕累托分布的特殊情形（Rosen & Resnick，1980；Gabaix，1999）①，齐普夫法则在分析城市群中的城市规模分布时被广泛应用。本研究也将采用基于帕累托分布的“齐普夫法则”来分析各城市在成渝城市层级体系中的分布问题，下面我们对齐普夫法则进行进一步的介绍。

“齐普夫法则”被克鲁格曼等人称为“经济学中最不容忽视的实证规律之一”，也多被学者们称为“等级—规模”法则或“位序—规模”法则（Zipf，1949；梁琦，2004等；藤田昌久等，2005）。Auerbach（1913）较早对美国和欧洲的城市体系进行的研究发现，其城市的人口规模乘以按城市人口进行的排名次序所得到的结果几乎是一个常数；随后，Lotka（1926）对Auerbach（1913）

① 当帕累托指数等于1时，其分布便遵循齐普夫法则。

的发现进行了进一步的改进和发展；直到 Zipf（1949）的广泛研究让这一规律被后来的学者称为“齐普夫法则”。随后，围绕这一法则所揭示的城市“等级—规模”规律，有大量研究以多个国家的城市分布为对象进行了实证研究。Rosen 和 Resnick（1980）对全球 44 个国家的城市样本进行的研究发现，其规模分布均值接近于齐普夫法则；Krugman（1996）研究发现，齐普夫法则非常符合 1991 年在美国统计概要中列出的 135 个美国城市的人口分布；Eaton 和 Eckstein（1997）研究发现法国和日本的城市规模分布均符合齐普夫法则，且这种现象发生在很长的时间跨度内；Giesen 和 Sudekum（2010）对德国城市分布的研究也发现齐普夫法则不仅可以很好地描述德国的国家城市体系，而且可以广泛适用于德国某个地区的城市分布。可见，齐普夫法则对发达国家的城市规模分布具有很强的解释力，然而，其对于发展中国家城市分布的解释力则较弱：Soo（2005）对全球 73 个发展中国家的研究发现，有 53 个国家的数据拒绝了齐普夫法则；随后，Soo（2007）对马来西亚城市分布的研究也发现齐普夫法则不能成立；Fang 等（2017）采用中国 1949～2012 年的城市数据进行了研究，发现中国城市规模偏离了齐普夫法则，具体表现在 2000 年之前分布更加平均，而在 2000 年之后更加集聚；刘建党（2018）对 2000～2015 年间长三角和珠三角城市群的城市规模分布特征进行了比较研究，发现长三角和珠三角城市群人口分布均形成了菱形城市层级结构，珠三角城市群 GDP 近似服从齐普夫分布，形成了金字塔形城市层级结构，基本实现了具有帕累托效率的资源空间配置，如果把香港和深圳合并为港深都会，则珠三角城市群常住人口服从幂律分布，城市生产总值依然服从齐普夫分布。同时指出，我国的户籍政策、人口规模政策阻碍了人口资源的空间优化配置，工业化发展阶段差异是两大城市群城市人口规模齐普夫指数值差异的根源，市场化水平差异是决定两大城市群城市经济规模分布差异的关键因素；王乾和冯长春（2019）采用包括中国在内的 18 个国家的城市人口数据进行的研究发现，欧洲国家近似服从齐普夫法则的比例高于亚洲与美洲，但中国的城市规模分布正在逐渐靠近齐普夫法则的理想状态；杨晓军（2021）通过检验齐普夫定律和吉布拉定律在中国城市规模分布和增长中的适用性，发现中国城市规模分布基本服从齐普夫定律，但存在明显的分化特征和趋势，中部地区城市规模分布呈现扁平化特征，而其他区域均存在明显的分化特征和趋势，这与其内部城市规模的差异相关。马志越（2023）全面测算了我国省级区域中心城市人口与经济首位度，发现我国绝大部分省级空间单元人口规模与经济规模均符合齐普夫指数的幂律分布，但是区域中心城市人口规模及经济规模的齐普夫指数差异较大，整体上人口规模齐普夫指数大于经济规模齐普夫指数。

正如 Zipf（1949）和 Krugman（1996）等众多学者的研究发现所揭示的，齐普夫法则是一种自然的结果，包括城市规模分布在内的很多经济学、地理学、语言学、信息科学等多个领域的人文自然分布现象都可以用齐普夫法则来描述。Gabaix（1999）的研究发现，在一定的理论假设下，齐普夫法则是城市规模稳定的均衡分布，他证明了只要城市增长满足吉布拉定律（Gibrat's law），即城市增长独立于城市的初始规模，那么城市体系分布就会趋向于齐普夫法则。为什么发达国家的城市分布多遵从齐普夫法则，而发展中国家的城市规模分布多拒绝这一定律呢？Eeckhout（2004）以及 Rossi – Hansberg 和 Wright（2007）等多位学者发现，要素自由流动和随机冲击是齐普夫法则成立的重要条件。由于大多数发达市场经济国家要素流动较为自由，其城市分布多接近齐普夫法则，而发展中国家对要素流动的限制和城市发展的行政干预较多，因此多拒绝齐普夫法则。可见，虽然齐普夫法则并不一定适用于每一个国家和地区，但是该法则从一个整体的角度预测和描述了个体的可能分布，代表了人口自由流动状态下，一定规模以上城市的人口最终将收敛于一种稳定且有效率的状态，可以作为城市群理想城市规模分布的一个重要参照（张车伟和蔡翼飞，2012）。

除了关注城市的规模分布规律以外，近年来有越来越多的国内研究借鉴城市地理学中的城市中心性概念（Christaller，1933）来衡量不同城市在城市层级体系中的相对重要性。一般认为，城市中心性是指一个城市为其他城市服务的相对重要性，如果一个城市对于其他城市的相对重要性越高，则其城市中心性越高，该城市也处于更高的城市层级，反之，则该城市的城市中心性越低并处于较低的城市层级。周一星等（2001）较早利用城市中心性指标体系对中国地级以上城市的层级体系进行了测算，并根据不同城市在中心性指标方面的表现将中国城市划分为五级城市层级体系。随后，俞勇军和陆玉麒（2005）从城市中心性指数和中心性程度角度对中国各省会城市的中心性进行了观察；

孟延春和谷浩（2016）则以城市群为单位，对中国长三角、珠三角、京津冀、长中游和成渝五大城市群的城市中心性分别进行了研究，发现五大城市群中各城市在职能上呈现出明显的等级分布。姚作林等（2017）运用城市中心性、经济联系强度和空间断裂点等模型，分别对2015年成渝经济区城市群空间结构的“点、线、面”要素特征进行刻画，从而对成渝城市群空间格局的总体形态进行了描绘。雷菁等（2021）从交通信息流的角度，对长江经济带各城市的中心性及其影响因素进行了测度。孙楚仁等（2021）构造了城市中心性指标用以刻画城市集聚资源和要素的能力，并以中国的城市和城市群为对象，考察了城市中心性对城市出口结构的影响。谢永琴等（2021）运用城市中心性指数模型和修正的引力模型，对粤港澳大湾区城市群的多中心网络化空间结构进行实证分析，并借助社会网络分析（SNA）探索了其空间格局的演化特征。赵倩芳等（2022）利用POI数据，结合核密度分析、空间自相关分析和叠置分析方法，提出从城市功能要素和聚集度角度分析城市的中心性，进而识别城市多中心空间结构。

（二）成渝地区城市规模分布与层级体系研究

成渝地区城市规模与空间分布。近年来，随着中央对成渝地区一体化发展的不断推动，有越来越多的实证研究开始关注成渝地区各城市的城市规模分布和成渝城市群城市层级体系问题。孟延春和谷浩（2016）利用城市中心性指数对成渝城市群城市层级体系的研究发现，成渝城市群呈现出典型的“双核驱动”发展模式，当前成渝城市群发展正处在不均衡发展阶段，虽然重庆和成都的城市中心性指数较高，但其他城市中心性指数均处在较低水平，这表明这些城市在城市群中的相对重要性和影响力较弱，与成渝“双核”存在明显差距。姚作林等（2017）运用城市中心性、经济联系强度和空间断裂点等指标和模型对成渝城市群空间结构要素特征和空间格局进行了系统的测算，将成渝城市群城市体系划分为三个不同层级，其中成都和重庆为一级中心城市，绵阳、南充、宜宾、万州四个城市为二级中心城市，乐山、内江、达州、永川4个城市为三级中心城市。韩剑萍等（2019）利用基于K－S检验的滚动样本回归方法分析了成渝城市群城市规模分布的动态演变过程，发现成渝城市群的城市规模分布表现出先集聚后均衡的特征，成渝城市群中符合幂律分布的城市数量呈不断增加趋势。叶文辉和伍运春（2019）采用空间计量模型考察了成渝城市群经济增长的空间集聚效应和溢出效应，发现成渝城市群存在明显的空间集聚效应和空间溢出效应，在空间分布上具有“中心—外围”模式特点，且重庆市核心区域的耦合度略高于成都市。肖磊和潘永刚（2019）基于常住人口、城镇人口、GDP、工业总产值等指标，对成渝地区城市群空间发展态势进行的分析发现，成渝城市群常住人口、GDP均保持向高等级城市集中的趋势，重庆、成都中心城市极化地位明显，成渝城市群空间格局存在一定程度的“东倾”现象。涂建军等（2020）运用分形计量模型和修正引力模型等对成渝城市群发展质量水平进行了评价，发现成渝城市群规模结构质量欠佳，表现为城市规模结构体系发育还不成熟，中间位序城市缺失，尚未形成大—中—小城市梯度协调发展的城市体系；城市联系依然呈现放射状非均衡结构，城市群边缘区和省际接壤区存在城市联系“洼地”，成都重庆双核城市间联系尚不充分，城市群城市联系质量有待提高；成渝城市群经济、社会发展与环境保护不同步，经济、社会发展质量与生态环境质量空间格局差异明显，经济和社会发展质量“双核”特征突出。冯月和刘志彪（2021）以成渝地区双城经济圈各区县城市为研究对象，构建空间自回归模型和空间误差模型，基于新结构经济学视角对区域差距影响因素进行的定量分析发现，成渝地区双城经济圈人口与经济重心波动范围较小，重心演变主要以成都、重庆“双核”竞合态势为基准，表现出较强的稳定性人口与经济不一致指数分布呈“中心—外围”环状格局。

成渝地区区域发展不平衡与“中部塌陷”。“中部塌陷”最早被用来形容我国中部地区在经济社会发展方面落后于其他地区的现象（刘乃全等，2006；杨胜刚和朱红，2007；安虎森和殷卫广，2009等），例如，刘乃全等（2006）从经济增长角度分析了中部地区经济增长方面的“中部塌陷”问题；安虎森和殷卫广（2009）进一步分析了中部地区经济增长“塌陷”的内在机制，并认为中部要素的流出程度比西部地区更大，从而导致了中部塌陷加剧。而较早用“中部塌陷”来形容成渝地区区域发展不平衡现象的是杨晓波和孙继琼（2014），基于共生理论对成渝经济区次级中心双城一体化构建的探讨，他们研究发现，成渝经济区除了成都、重庆两个特大中心城市以外，缺乏次一级的中心城市的支撑，造成了对区域内的经济要素和活动的“虹吸效应”，使得成渝经济区的中部地带发展陷入了“塌陷”的境地，并认为该问题是成渝经济区发展面临的最大问题。张学良等（2018）利用我国第五次和第六次人口普查数据研究发现，除重庆、成都、泸州 3 个城市以外，成渝城市群 16 个地级及以上城市中有 13 个城市出现了人口规模下降即城市收缩现象，同样强调了成都、重庆双核对本区域的经济要素和经济活动的“虹吸效应”，导致资阳、自贡、内江等中部地带城市发展陷入了“塌陷”的问题。刘蓉和晋晓姝（2021）的研究也指出，长期以来成都和重庆两地微妙的竞争态势导致极化效应明显大于扩散效应，使得成渝地区双城经济圈除了成都和重庆外，缺少一批次一级城市，从而形成了“双核共振，中部坍塌”的局面。史育龙和潘昭宇（2021）在对成渝地区双城经济圈空间结构和联系特征进行观察的基础上研究发现，当前成都和重庆“双核”仍处于集聚发展阶段；成渝地区双城经济圈中部地区的“塌陷”问题突出；成渝“两翼”地区具有重要的战略地位，发展潜力大；成渝地区数量众多的县域地区有望形成新的区域发展极点。吴燕霞和邵博（2022）基于系统理论和耦合协调理论，利用数理统计和空间统计方法对成渝地区双城经济圈 2011～2020 年交通运输、区域经济和生态环境发展的时空差异进行了简单的测度发现，成渝地区双城经济圈存在明显的时空差异，时间上仍处于上升阶段，空间上核心城市与周边城市差异显著。

二、金融发展与金融集聚相关理论

自人类历史上最早的银行和金融活动诞生以来，人们就开始思考金融在经济增长中发挥的作用，一方面，金融不仅为经济增长提供了资金储蓄和借贷的机制，还帮助个人、企业和政府进行投资和消费。金融发展伴随着不断扩大的金融规模，不断提高的金融机构管理水平和逐渐完善金融结构，进而改善金融生态环境，为金融市场提供了资本的流动渠道、支付和结算服务，使得投资者能够将资金从具有低收益的领域转移到具有高收益的领域，从而优化资源配置。另一方面，从早期欧洲教会对放贷收息等金融行为的谴责，到如今金融市场中依然存在的披着金融创新的外衣，游走于法律制度和道德的边缘，与社会公序良俗存在明显冲突的鱼龙混杂的金融服务和产品，人们对于金融滥用可能产生危险的担忧也在加深。因此，有人赞美金融，也有人视金融为毒药（陈志武，2020）。而熊彼特（Schumpeter，1912）被认为是系统论证金融对经济发展影响的重要先驱，他指出，银行的职能在于甄别出最有可能实现产品和生产过程创新的企业家，通过向其提供资金来促进技术进步。因此，经济发展的主要动力是金融机构的信用创造能力和由此带来的企业家创新能力。在金融活动促使资金从资金盈余方流向资金稀缺方的过程中，资源的配置效率得以优化，技术进步也更容易实现，从而促进了经济增长。在熊彼特关于金融促进技术创新的理论之后，有大量学者对金融在经济增长中的作用进行了研究，而系统论证金融与经济增长关系的研究多被统称为金融发展理论，下面我们对比较有代表性的金融发展理论和金融集聚理论进行简要梳理。

（一）金融集聚理论

对于金融集聚问题的最早关注始于金融地理学。一般认为，金融地理学于20世纪50年代开始出现，从80年代前后得到广泛的应用，当前已经成为经济地理学的一个重要分支（李林等，2011）。从20世纪80年代开始，由于经济全球化和信息技术的发展，金融资源在区域乃至国家之间的流动速度明显加快，出现了金融活动、金融机构和金融资源向中心城市集中的趋势（Reed，1981；Nogueira，2015）。随后，作为金融发展的重要特征，金融集聚及其产生的外部效应受到学者们的广泛关注，有大量学者对金融集聚的成因进行了探索。Kindleberger（1974）从外部规模经济的角度来解释金融集聚的成因，认为当一个地区存在较多金融机构时，那么该地区对其他金融参与者来说也将更加具有吸引力；而Porteous（1995）和Zhao（2003）等则利用“不对称信息理论”和“信息腹地理论”来解释金融中心的形成过程；黄解宇和杨再斌（2006）、车欣薇等（2012）认为，金融集聚的形成取决于产业的集聚；王宇等（2015）的理论模型发现，我国金融中心建设的“消息冲击”会通过影响预期而影响金融集聚的规模和速度。

关于金融集聚产生的影响及作用效应，学者们主要关注了金融集聚对经济增长、科技创新和产业结构等方面的影响。多数研究认为，金融集聚具有推动经济增长、推动科技创新和优化产业结构的积极作用。

金融集聚助力经济增长。金融集聚是指在一定地域范围内，金融机构、金融资源、金融服务等要素在时空上相互作用、相互影响，形成的具有一定规模和集聚效应的现象。金融集聚是经济发展的必然趋势，其发展阶段与经济增长密切相关，对于经济增长具有重要的推动作用，但两者间的关系并非一成不变，会随着经济发展阶段的变化而变化。在金融集聚初期，为追逐更高利润，金融资源会选择向具有区位优势的地区集聚，进而形成金融集聚区；随着金融集聚的不断发展，相关产业和人才也会随之聚集，形成良性的互动关系，金融集聚对经济增长的推动作用也会进一步凸显。国外学者对金融集聚与经济增长关联的研究起步较早，研究结论也较为一致，Hassan 等（2011）的研究证实了金融集聚对经济增长存在着正向促进作用。Bhunia（2012）基于印度金融产业集群与经济发展的研究显示，印度金融产业集群对经济增长存在显著的促进作用。Greenwood 等（2013）以国家为单位的研究显示，发展中国家金融集聚强度的加深对经济增长具有较强的正向促进效应。国内学者的研究中，周南南和林修宇（2020）基于中国省级面板数据的研究表明，金融集聚对经济增长具有显著的正向推动作用，且存在较强的空间溢出效应，一个地区的金融集聚还将对周边地区的经济增长起到推动作用。李红和王彦晓（2014）基于中国城市面板数据的研究同样验证了这一结论，金融集聚的规模不仅能促进城市的经济增长，还将对邻近城市的经济增长表现出明显的空间溢出效应，而金融集聚规模也是城市经济发展差异的重要来源之一，特别是对于发达地区城市的经济增长。李标等（2016）基于创新驱动视角的研究发现，金融集聚对经济增长表现出显著的驱动作用，但由于延迟效应的存在，金融集聚会对当期的经济增长造成细微的抑制作用。孙志红和王亚青（2017）针对西北五省运用空间计量模型实证分析金融集聚对经济增长的研究显示金融集聚对经济增长有明显的正向溢出作用。甘星和甘伟（2020）基于粤港澳大湾区的研究表明，金融集聚对经济增长有促进作用，但随着金融集聚加剧，金融集聚和经济增长将呈现倒U形关系，且在不同行业中金融集聚对经济增长的影响存在异质性表现，证券业和保险业的集聚对湾区经济增长有显著的正向贡献，银行业集聚由于相对过度对经济增长表现出一定的负面影响。

金融集聚助推科技创新。在现代社会，金融集聚可以通过资金支持、风险分散、优化资源配置、促进创新创业以及提升市场效率等多种方式推动科技创新的发展。科技创新活动往往需要大量的资金投入，金融集聚可以为科技创新企业提供融资渠道，为科技创新活动提供大量的信贷支持，帮助其实现技术创新和产品研发。科技创新通常具有高风险性，但金融集聚可以通过多种方式分散这种风险。金融机构和投资者通过评估科技创新项目的风险和收益，可以决定是否为这些项目提供资金支持，可见，金融集聚可以通过优化资源配置的作用将资金引导到最具潜力的科技创新项目中。同时，金融集聚可以为创新创业提供良好的环境，在金融集聚的地区，金融机构和投资者往往可以更方便地交流和合作，信息更加透明和流通，这有助于降低市场交易成本，提高科技创新市场效率。近年来有较多的研究关注了金融集聚对科研创新的推动作用。华桂宏和陈雨佳（2022）基于地级市数据验证了金融集聚对科技创新的影响，并且这种影响还将进一步提升城市的经济韧性。徐欣和董洪超（2021）认为，在开放式创新的背景下，金融资源的集聚有利于调动市场中消费者、企业、投资者等多方力量共同推动科技创新，提高创新转化效率，而空间计量模型的回归结果显示，金融集聚对科技创新存在非线性的倒U形影响，金融集聚的极化效应对科技创新的积极作用更加明显，且经济联系紧密的城市之间金融集聚对科技创新的作用效果更加显著。陈向阳（2021）基于粤港澳大湾区的研究显示，金融集聚对科技创新存在非线性影响，在拐点之前金融集聚对科技创新具有正向的影响，在拐点之后其影响为负，且银行业、保险业集聚与科技创新均不存在非线性关系。王文静和刘诗琳（2020）研究了金融集聚和区域创新之间的耦合协调关系，研究显示，金融集聚和区域创新能力系统之间在一定区域内存在正相关关系，但中国区域创新能力系统发展水平总体落后于金融集聚系统，且东、中、西、东北部金融集聚和区域创新能力耦合协调度存在明显的空间差异，东南部地区金融集聚与区域创新能力的耦合协调关系优于西北部地区，而东西差异小于南北差异。

金融集聚优化产业结构。首先，金融集聚通过资本的重新配置，可以将更多的资金引导到具有更高生产效率和更大发展潜力的产业中，这有助于推动传统产业的转型升级和新兴产业的发展，从而优化地区产业结构。其次，科技创新是推动产业结构升级的重要引擎，金融集聚可以通过对科技创新的推动作用，促进技术成果的转化和产业化，从而推动高科技产业的发展，优化产业结构。最后，金融集聚可以促进金融机构、投资者和产业链上下游企业之间的合作与交流，形成产业协同效应，这种协同效应能够提高产业的整体竞争力，推动地区产业结构优化。近年来的一些研究发现，不同地区的金融集聚对产业结构优化的影响程度也存在地区差异。朱玉杰和倪骁然（2014）基于空间杜宾模型验证了金融规模对产业升级的影响效应，研究指出，金融相关比的增长显著促进了产业升级，且金融规模存量增长与第二产业、第三产业的发展水平呈倒“U”形关系，而不同地区的金融集聚和金融效率水平对产业升级存在异质性影响。王一乔和赵鑫（2020）探讨了金融集聚对产业结构升级的影响机制，研究结果表明，技术创新在金融集聚与产业结构升级的关系中起到显著的中介效应，且这种中介效应存在明显的地区差异，西部地区表现出的中介效应最强，东部地区次之，中部地区最弱。于斌斌（2017）先是构建了金融集聚促进产业结构升级的理论框架，进而验证了金融集聚对产业结构升级的影响效应和空间溢出效应，研究结果表明，金融集聚对东、中部地区产业结构升级存在显著的促进效应和空间溢出效应，而这两种效应受限于产业发展阶段和城市规模，大城市和特大城市的效应更为明显，在小城市当中则表现出负面的影响效应，且空间溢出效应并不明显。

（二）金融发展理论

金融是现代经济的核心组成部分，世界各国的经济发展史反复证明金融抑制和金融过度都会损害经济增长，而处于转型时期的中国经济要实现可持续健康发展就必须正确把握金融发展对经济增长的影响（米建国和李建伟，2002）。关于金融发展理论的早期研究多分散于各个经济学流派的经济增长理论当中，Tobin（1965）提出的新古典货币增长模型揭示了货币金融对经济增长的作用机制；Patrick（1966）研究了金融发展与经济增长的因果关系，引发了金融发展领域对“Patrick之谜”的多角度分析。至20世纪末，内生增长理论进一步开展了关于金融发展与经济增长之间关系的研究。从金融结构对经济增长的影响来看，林毅夫等（2009）研究了经济发展中的最优金融结构理论的问题，研究将金融结构界定为金融体系内部各种不同金融制度安排的比例和相对构成，重点探讨了金融市场与银行在金融体系中的相对重要性和银行业中不同规模的银行的分布，认为经济在一定的发展阶段的要素禀赋结构决定着该阶段那些具有比较优势的产业、技术结构的性质和具有自生能力企业的规模特征与风险特征，也因此形成了期待金融服务的特殊需求。此外，Fry（1982）和Hatmanu（2020）从利率的角度研究了金融发展对经济活动的影响；Allen和Gale（2001）探讨了金融功能对经济活动的影响；Greenwood和Smith（1997）、Trew（2014）研究了金融内生化对经济增长的影响；Christiano等（2010）和Iacoviello（2015）研究了金融周期对经济增长的影响。总的来说，金融凭借其提供资本的重要功能，在利率市场化水平和金融功能的提高上均能帮助社会进行资本积累和技术进步，并以此提高经济增长水平，如果一个国家的金融功能不健全、利率与市场水平相去甚远，或是风险管理缺失，那么国家经济想要实现快速发展就会面临诸多困难（刘传江和张劭辉，2022）。

对于金融发展空间及网络关联的研究，学者们主要关注了金融发展的空间溢出效应、空间网络关系和时空演化趋势。

金融发展空间溢出效应。溢出效应是指一个组织在进行某项活动时，不仅会产生活动所预期的效果，而且会对组织之外的人或社会产生的影响。金融发展空间溢出效应则具体指金融产业的发展对其他产业和地区的经济可能产生的影响和作用。金融发展的空间溢出效应往往包括极化效应和涓流效应两个方面。极化效应是指在市场机制的作用下，一旦地区间发展水平与发展条件出现差距，金融发展条件好、发展快的地区就会在发展过程中不断地为自身积累有利因素，从而进一步制约金融落后地区的发展，使之不利于发展的因素越积越多，处境日益恶化。而涓流效应则是指金融发展空间溢出效应的积极方面，金融集聚区的机构向外围扩张，建立网点或分支机构，资金也会向周边地区流动，处在金融聚集区或金融中心周边的地区，一般会随着金融聚集区金融网点和分支机构以及其他金融基础设施的改善，其金融市场将得到更多的机会和资源，从而推动当地金融市场的发展和壮大。在这种效应下，金融集聚不仅对自身区域的经济增长有促进作用，还会对邻近区域的经济增长产生积极影响。李林等（2011）研究了金融集聚与区域经济增长的空间效应，验证了金融集聚存在的空间相关性。李红和王彦晓（2014）的研究显示金融的集聚带来了人才、机构、资本和稀缺资源的日益集中，但并没有产生拥挤效应，金融产出的密度不仅能显著促进城市经济的增长，还能在邻近城市还存在显著的空间溢出效应，而金融集聚的规模是城市经济发展差异的重要因素。黄建欢等（2014）基于生态效率研究了金融发展影响区域绿色发展的机理及其空间溢出效应。张兵和翁辰（2015）关于农村金融发展减贫效应的研究显示，农村金融发展对于减贫具有明显的空间溢出效应，短期内相邻地区农村金融发展水平提高有利于本地区农村贫困减缓，但长期中则会抑制本地区农村贫困减缓。张浩然（2014）验证了空间溢出视角下金融集聚对城市经济绩效的影响效应，研究表明金融集聚不仅能提高当地全要素生产率，还存在明显的空间溢出效应，且金融活动的溢出范围受到地理距离的限制，仅在 120 千米以内显著。唐松（2014）验证了中国金融资源配置对区域经济增长存在的空间溢出效应，研究表明中国金融资源配置与区域经济增长差异之间存在不同程度的空间溢出效应，中东部地区外地金融资源配置对本地区的经济发展的负面影响大幅度增加，而西部地区逐渐减小。

金融发展空间网络关系。金融发展空间网络关系是一种复杂的经济现象，它涉及多个领域、多个层面和多个主体之间的相互作用和联系，是指金融产业内部以及金融产业与其他产业之间的相互作用和联系，这种网络关系可以通过多种形式和渠道来体现。这些空间网络关系增强了产业间信息共享，促进了彼此间的竞争与合作，打破了地理位置的限制，压缩了地理空间，加速了信息流动和信息共享，降低了金融发展成本。同时这种网络关系有利于提高金融市场的竞争力和创新力，促进金融产业的快速发展。胡金焱和张博（2014）的研究显示，民间融资能够借由社会网络实现为受金融约束抑制的农村家庭自营工商提供资金支持。沈丽等（2019）基于地方金融风险压力指数构建了中国省际地方金融风险空间关联网络，研究显示，中国地方金融风险空间关联网络是典型的“无标度网络”，省与省之间的关联系数分布不均匀，同时存在小世界现象，而地方金融风险存在明显的空间关联和传染效应，空间关联程度呈现波动中上升的态势，且这种上升态势会进一步促进金融风险传染的破坏水平和影响范围。化祥雨等（2016）以江苏省县域为研究对象分析了金融空间联系的特征，研究显示，江苏省县域金融空间联系网络结构分布格局从简单的线型空间演变成为复杂的区域化三角形和网络型的空间结构，金融势能存在显著的空间自相关性，金融势能空间集聚呈区域集聚趋势。李雨婕和肖黎明（2021）基于企业—城市网络转移模型研究了中国绿色金融网络空间结构特征，研究表明国绿色金融网络的整体密度偏低，总体呈现出“北京—上海—深圳—重庆”为顶点的菱形空间结构，并有东密西疏的空间格局。

金融发展时空演化趋势。金融发展时空演化趋势是指金融产业在不同时间和空间维度上的发展趋势和特征。从时间维度上看，从最初的货币交换和简单的借贷行为，到现代的复杂金融产品和服务的不断创新和多样化，金融发展的历程呈现出明显的阶段性特征。金融产业也经历了从传统金融到现代金融、从单一的银行业到多元化的金融业的转变。从空间维度上看，从最初的局部市场和单一的金融机构，到现代的全球化和多元化的金融市场和金融机构，金融发展的空间范围不断扩大。同时，随着经济全球化和区域经济一体化的不断深入，金融市场的开放和互联互通也在不断加强，这为金融业的发展提供了更广阔的空间和更多的机会。近年来，金融产业的发展呈现出区域不平衡的现象，不同国家和地区的金融发展水平存在差异，尤其是农村和城市之间金融发展的差距引起了较多的关注。高一铭等（2020）通过构造金融业高质量发展指数分析了金融发展的时空演化趋势，研究显示金融业发展质量在效率维度上不断提高，在产出效率维度上持续上升，而投入效率相对偏低；虽然在公平维度上金融业发展的区域差异逐步缩小，但不平衡不充分的发展态势依旧是常态，且可持续发展面临诸多挑战，自 2013 年以来金融业已从高速发展进入高质量发展阶段。陈银娥等（2020）测度了中国农村普惠金融发展的时空异质性，研究显示农村金融环境能有效支持农村普惠金融发展，农村经济发展、投资环境及城乡协调发展的影响存在空间分异，农村金融市场效率呈现“U”形发展趋势。李琼等（2021）运用标准差椭圆、空间自相关和空间回归模型等方式研究了中国普惠金融发展水平的时空演变，研究显示，从时序上来看，全国、四大区域及各省普惠金融发展水平呈现波动上升的趋势，但整体发展水平低下；从空间上来看中国普惠金融水平以上海和北京为相对高水平起点，最终形成中部地区塌陷，东西部地区高速发展的空间分布格局。张国俊等（2020）研究了广东省金融包容的时空演化，研究显示广东省金融包容性发展呈现“核心—边缘”的空间格局，且扩散效应不断增强，区际差异有所缩小。

区域金融协调发展旨在优化金融资源的配置，对于推动区域经济的平衡发展和提升金融市场的整体效率具有重要意义。近年来也有一些文献关注了区域金融协调发展的问题，主要是从政策联通促进金融协调发展、经济协同带动金融协调发展和要素趋同实现金融协调发展等方向展开研究。例如，周立和陈彦羽（2022）关于最优金融结构与区域经济协调发展的研究表明，发挥政府的政策指引功能和有效市场的金融资源配置功能将有效改善金融结构；刘钒和马成龙（2022）的研究显示，虽然中国绿色金融和经济高质量发展的协调程度较低，但两者间的良性互动逐渐增强；张芷若和谷国锋（2020）关于中国科技金融与区域经济发展耦合关系的研究分析了科技金融与区域经济发展耦合系统下各要素的耦合关联程度，并指出耦合程度的提升有利于二者的发展；王彩萍和李建平（2022）分析了现代金融体系下要素子体系的重要性，研究指出金融发展需充分利用现代金融体系下各要素所展现出来的特征和优势。

（三）其他相关金融理论

1. 金融结构理论。

金融结构理论最早由戈德史密斯（Raymond. W. Goldsmith）在20世纪70年代左右提出，是金融发展理论中最有影响力的理论之一（戈德史密斯，1996）。戈德史密斯于1969年出版的著作《金融结构与经济发展》，该理论对金融发展的过程及规律进行了描述和分析。戈德史密斯将金融现象归纳为三个基本方面：金融工具、金融机构和金融结构。金融工具是指对其他经济单位的债权凭证和所有权凭证；金融机构即金融中介机构，指资产与负债主要由金融工具组成的企业；金融结构是一国现存的金融工具和金融机构之和。系统阐述了一国金融结构与经济发展的关系，并提出了金融发展的本质是金融结构变化的思想，被誉为金融结构理论的奠基之作。该理论认为，各国金融结构的差异反映了金融发展水平的差异，而金融结构的变化是由金融体系建立和金融制度安排所引起的。对于不同国家来说，之所以发达国家在经济发展水平上比发展中国家更有优势，其最主要的原因是发达国家拥有更优的金融结构，具体表现为完善的金融机构、巨大的金融资产和更强的金融风险防范能力等。金融结构理论的研究方法和基本结构对研究金融和金融发展问题产生了深远的影响，不仅为人们提供了研究金融和金融发展问题的新视角和新思路，也为人们制定有效的金融政策和发展战略提供了重要的参考依据。

2. 金融抑制理论。

第二次世界大战以后兴起的发展经济学研究加深了学术界对广大发展中国家经济发展特征的认识，这促使学者们开始尝试放弃以成熟的市场经济国家的金融体系为研究对象，转而研究发展中国家在金融发展方面的特殊性。其中最有代表性的理论是 Mckinnon（1973）和 Shaw（1973）针对发展中国家的经济和金融发展提出的金融抑制理论和金融深化理论，他们认为经济发展是金融发展的前提和基础，而金融的发展是经济发展的动力和手段，其核心是每个发展中国家的国内资本市场以及货币政策和财政政策是如何影响该市场运作的。Mckinnon（1973）对发展中国家经济发展过程的分析发现，发展中国家一般对利率实行严格的管制，其经济发展存在着明显的金融抑制现象。金融抑制理论认为，在金融市场中，政府干预金融活动的行政手段过多会影响了实体经济和金融体系的发展。在发展中国家，由于技术缺陷、市场发育不健全等客观因素的存在，金融的服务能力无法充分释放，造成金融市场所能提供的信贷资源无法匹配实际需求。在此情况下，政府干预取代了金融市场的自我调节作用，不合理地进行金融资源的分配，导致资金配置效率降低，金融结构中介功能萎缩，从而减缓投资，导致经济发展停滞不前。金融抑制理论强调了减少政策干预对金融发展的重要性，为后来的金融深化理论提供了理论基础。其所描述的金融抑制现象主要表现在名义利率限制、高准备金要求、政府通过干预限制外源融资、特别的信贷机构等方面。因此，金融抑制理论的主要政策观点是减少政府干预，提高实际利率，通过金融市场的自我调节实现金融资源的合理配置，从而提高投资效率，促进经济增长。

3. 金融深化理论。

如何解决发展中国家广泛存在的金融抑制问题，Mckinnon（1973）和Shaw（1973）在其代表性著作《经济发展中的货币与资本》和《经济发展中的金融深化》中提出了金融自由化的解决方案，被称为金融深化理论，也称“金融自由化理论”，主要研究发展中国家金融与经济发展的关系。金融深化理论认为，金融抑制是发展中国家经济增长乏力的重要原因，而要脱离金融抑制的恶性循环，需要减少政府对金融市场的干预，确立市场机制在金融资源配置中的主导作用，实行金融自由化政策。金融深化理论指出，发展中国家的政府不应该对金融领域实行过度的干预，推行金融自由化政策可以通过利率和汇率对金融市场的供求状况进行有效反馈，从而促进金融结构优化，更好地调配金融资源，引导金融行为，并且可以让金融市场在分配和动员国内外储蓄方面的功能得到有效发挥，进而使得经济发展和金融发展之间相互依存、相互影响，从而跳出金融抑制的恶性循环，进入一种相互促进的良性循环状态。金融抑制理论和金融深化理论在很大程度上是一脉相承的，都强调金融市场机制的重要作用，反对政府过度干预，因此也多被合称为金融深化或金融抑制理论。该理论对之后的许多经济学流派产生了深远影响，如货币主义、新古典主义等。同时，它也为许多发展中国家制定金融政策提供了重要的理论依据。

4. 金融功能理论。

20世纪90年代内生增长理论的兴起使得传统的金融发展理论焕发了新的活力。学者们在内生增长框架下引入了信息不对称等问题，将金融变量进一步内生化，从金融功能角度，揭示了金融发展影响经济增长的具体机制，被称为金融功能理论（Levine，1997）。关于金融发展促进经济增长的基本功能，Merton和Bodie（1995，2005）将金融系统的核心功能划分为提供经济资源转移的途径、提供管理风险的方法、提供清算和结算支付的途径、为储备资源和分割所有权提供有关机制、提供价格信息以协调决策、提供解决激励问题的六类方法；Levine（1997）则将金融业的基本功能分为促进风险管理、配置资源、监督管理者、增强储蓄流动性和便利商品与服务交换五类。从本质上来说，金融影响经济增长的机制有两个途径，促进资本积累和促进技术创新，金融功能理论认为，通过上述各种金融功能的发挥，金融发展促进了资本积累和技术创新，从而影响了经济增长。金融功能理论具有两个假定，一是金融功能比金融机构更加稳定；二是金融功能优于组织机构。相较于传统的金融理论，金融功能理论的研究焦点并非金融机构，而是金融体系的功能。传统的金融理论主要从金融机构的角度来研究金融体系，即所谓的机构金融观点。而功能金融理论则更加关注金融体系的功能和作用，以及这些功能如何在不同的金融机构和组织之间进行协调和整合。同时，金融功能理论的研究范围广泛，包括金融市场的运作、金融机构的角色和职责、金融政策的制定和实施等。该理论强调金融体系的整体性和系统性，以及金融机构在实现金融功能过程中的相互作用。

5. 金融约束理论。

自金融发展理论诞生以后，金融抑制理论和金融深化理论所提出的金融自由化思想对发展中国家的经济发展实践起到了相当大的影响，但发展中国家金融自由化的实践结果却并不如人意。针对金融自由化政策在发展中国家金融市场的失灵问题，新凯恩斯主义的代表人物 Hellman、Murdock 和 Stiglitz（1997）基于新凯恩斯主义学派的基本思想，分析了金融市场化政策在发展中国家失败的原因，并在总结日本、韩国等东南亚经济体金融发展与经济增长发展经验的基础上提出了金融约束理论的分析框架。金融约束理论是指政府通过实施一系列金融约束政策，以促进金融业更快地发展，从而推动经济快速增长，其隐含的前提是政府可以有效地管理金融业，或者说政府可以解决市场失灵问题。为了保证金融约束达到最佳效果，需要满足以下前提条件，如稳定的宏观经济环境、较低的通货膨胀率、正的实际利率、银行是真正的商业银行、政府对企业和银行的经营没有或有很少的干预，以保证银行和企业的行为符合市场要求，只有在此条件下，政府才能通过实施金融约束政策，促进金融业的快速发展，推动经济的快速增长。金融约束的本质是政府通过一系列的金融政策在民间部门创造租金机会，即取得超过竞争性市场所能产生的收益的机会，这种租金能够促进市场更好地为经济发展服务。该理论的核心观点认为在稳定的宏观经济环境、较低且可预测的通货膨胀率、金融部门低税收以及实际存款利率为正的前提条件下，政府可以通过存贷款利率控制、限制市场准入以及限制资产替代等金融政策为私营部门创造租金机会，这种租金机会一方面对动员储蓄具有积极作用，另一方面通过减少银行和企业等微观主体的道德风险、逆向选择以及委托代理成本等信息不对称问题，从而提高经济效益并促进经济发展。可见，金融约束理论的强调适当的金融约束政策能够对金融发展起到较好的促进作用，进而促使经济持续增长。当然，该理论实际上暗含了政府可以有效解决市场失灵问题并且可以对金融活动进行有效管理这样的前提。

6. 金融创新理论。

自从熊彼特在20世纪初期创立了创新理论以后，创新理论研究的重点在相当长的一段时期都集中在产业经济和实体经济企业，对金融问题的涉及很少。20世纪70年代金融创新活动的日益活跃，使得学者们将创新理论应用到金融问题的研究中来，并逐渐形成了金融创新理论的基本体系（王仁祥和喻平，2004）。金融创新理论主要涉及三方面的内容：一是金融创新的动因理论，学者们分析了推动金融创新的内部和外部因素。内部因素包括金融机构为了提高利润、降低成本、增加市场份额等而进行的创新，外部因素则包括科技进步、市场竞争、监管政策等对金融业的影响，以及由此产生的创新需求。学者们从顺应需求、顺应供给与规避管制三个角度解释了出现金融创新的原因（Greenbaum & Haywood，1973；Kane，1981）。二是对金融创新的运行机制及模式的研究，主要侧重于研究金融创新的产生和扩散过程（Molyneux & Shamroukh，1996），比较有代表性的模式包括“需求诱发型”和“技术推进型”。需求诱发型模式认为，金融创新是由市场需求引发的，金融机构通过开发新的金融产品和服务来满足这些需求；技术推进型模式则认为，科技进步是推动金融创新的主要因素，金融机构通过引入新技术和新的运营模式来实现创新。三是金融创新的微观和宏观经济效应，微观效应主要分析金融创新的财富效应、风险套利功能以及对家庭货币需求的影响等（Cass & Citanna，1998）；宏观效应主要分析金融创新对宏观经济变量的影响，侧重探讨金融创新对货币需求函数、金融系统演进的影响等（Arrau.，1995）。金融创新理论指出，金融创新是一把双刃剑，既有积极作用也有消极作用：一方面，金融创新可以提高金融机构的运作效率和竞争力，丰富金融交易产品，推动金融一体化，并且推进了金融改革，促进经济发展；另一方面，金融创新使得金融体系的稳定性降低，导致金融体系面临的风险更大，并且使政府金融监管的有效性更弱。因此，在推动金融创新的同时，也需要加强监管和管理，以保障金融市场的稳定和健康发展。

（四）成渝地区金融发展相关研究

对于成渝地区双城经济圈金融发展的研究，国内外学者研究主要集中在金融发展水平测度、金融联系网络、金融的经济增长效应和金融一体化发展等方面。

第一，关于金融发展水平的测度。陈明华等（2016）测度了包含成渝地区在内的中国五大城市群金融发展的空间差异及动态分布，研究认为，成渝城市群金融发展水平呈总体上升趋势。熊晓炼等（2016）的研究从金融规模、金融结构和金融效率三个维度构建金融发展水平评价指标体系，采用因子分析法对2007～2015年西南六省区市金融发展水平进行综合评价和比较分析，认为成渝城市群金融发展开始从重视规模扩张的粗放型增长模式向注重效率提升的集约式发展模式转变。刘传明等（2017）的研究认为，成渝城市群互联网金融发展的基尼系数相较于其他城市群而言相对较低，发展相对发散。

第二，关于金融联系网络的分析。赵金丽等（2019）基于细分行业的中国城市群金融网络演化的研究显示，在成渝城市群中，基于城市商业银行的联系网络表现出以成都、重庆为双中心的发展格局，其中成都市银行倾向于在省内市场扩张，而重庆市银行倾向于同时进行本地市场和全国市场的扩张；基于保险业的成渝城市群金融网络演化格局则较为稀疏；基于证券业的成渝城市群内部金融网络的演化同样较为稀疏，成都市依旧倾向于在内部市场扩张，重庆市则更倾向于外部市场的扩张。

第三，金融发展的经济增长效应。杨力等（2021）选取成渝地区双城经济圈42个市、县（市、区）为研究对象，验证了成渝地区双城经济圈金融创新与技术创新的交互嵌合对经济增长有着显著的促进效应。郭进等（2016）的研究验证了金融外部性对成渝城市群在内的中国五大国家重点建设城市群建设的影响。

第四，关于金融发展一体化路径的研究。李兰芳等（2022）的研究认为，成渝地区要打造全国具有影响力的科技创新中心，需要进一步健全合作创新机制、强化协同创新格局、培育重大原始创新、筑牢关键核心产业、完善科技服务体系、优化创新合作网络、聚集顶尖科创人才。方行明等（2022）的研究认为，成渝两市应在市场经济环境下理性处理竞争与合作的关系，要发挥市场机制的作用，推进同质化中的差异化，推动两市的自主创新，规避产业趋同中的恶性竞争。尹丽（2013）的研究认为，成渝经济区金融合作与发展存在建立成渝经济区金融服务的一体化、加强金融合作对成渝经济区的产业集聚的服务和壮大成渝经济区地方性金融机构这三条作用路径。

三、金融集聚与城市规模相关研究

对于从20世纪80年代开始逐渐加速的金融资源向中心城市集中的趋势，在从多个角度对金融集聚的过程和成因进行描述和解释的基础上，近年的部分研究将研究视野延伸到了金融集聚对区域经济增长、居民收入、城市劳动生产率等诸多因素的影响方面。例如，李林等（2011）利用空间计量模型研究了金融集聚对区域经济增长的影响；李红和王彦晓（2014）采用改进权重的空间杜宾模型检验了金融集聚及其空间溢出与城市经济增长的关系；程德智和王满仓（2021）、钱晶晶等（2021）则从高质量发展角度，关注了金融集聚对区域经济高质量发展的可能贡献；刘洋和颜华（2021）以河南省的面板数据为例，关注了县域金融集聚对农民收入的可能影响；黄大为（2021）以长三角城市群26个城市为研究对象，实证探索了金融发展对城市全要素生产率的影响；韩越等（2023）基于区位熵构建金融集聚水平，分析全国31个省区市的金融集聚水平及其对实体经济发展的作用机理和影响机制。

进入21世纪以来，社会财富、资本及金融服务有向大城市和城市群集聚的趋势，而金融集聚的形成会通过资金融通和资本运作来促进资源在区域内配置，因此，城市的金融集聚水平会影响其在区域城市体系中的功能和地位，有一些研究关注了金融集聚和城市规模之间可能存在的联系。茹乐峰等（2014）对我国城市的研究发现，金融集聚与城市规模存在很强的相关性，200万人以上的特大城市是金融活动的主要集聚地，而各省区的金融集聚中心一般为其省会城市及其副中心城市。覃剑（2016）对金融等级体系和城市等级体系的形成机理和内在特征进行了分析，发现金融资源有着沿城市等级体系扩散的流动趋势。王如玉等（2019）分析了金融层级结构的形成因素及其与城市层级体系的关系，发现中国金融空间结构与城市层级基本吻合，城市规模越大，所处等级越高，则所能够集聚的金融资源越多，而城市等级的提升能够显著提高金融集聚度，提升金融中心的等级。方芳和李长治（2020）比较了城市群边界和省际行政边界的金融集聚效应，发现城市群边界具有明显的金融集聚效应；省际行政边界没有显示出金融集聚效应；不同规模的城市具有较强的异质性，城市群边界效应只对市辖区常住人口 100 万～500 万人的大城市有效。

四、对现有研究简要述评和展望

（一）对现有研究的简要述评

现有研究在城市规模、城市层级、金融集聚等方面取得了丰硕的研究成果，也有一些研究关注了城市规模层级与金融集聚问题和成渝城市群的城市规模和层级体系问题，这些研究在一定程度上揭示了成渝地区在城市群发展过程中存在的区域发展过度极化而次级中心城市发展薄弱的问题。但是，现有研究关于成渝地区金融集聚与城市规模层级的分析还较为零散，并没有专门的系统性研究，也存在以下三个方面有待进一步深入：第一，近年来虽然有一些研究关注了成渝地区双城经济圈城市群发展过程中存在的区域发展失衡问题，但是大部分研究仅限于理论上的探讨，相关的实证研究尚比较匮乏；第二，现有关于金融集聚和城市规模层级的相关探讨和实证研究多关注城市规模对金融集聚程度的影响，认为只有城市达到一定层级，才会产生金融资源的集聚，但是关于金融资源分布对城市规模和分布的影响还比较有限；第三，在中央大力推动构建以国内大循环为主体、国内国际双循环相互促进的新发展格局的背景下，成渝地区双城经济圈的发展被寄予厚望，2021 年 12 月，央行及多个部委联合推动成渝共建西部金融中心，提出到 2025 年将成渝地区双城经济圈初步建成西部金融中心的目标，而现有研究对成渝地区双城经济圈成渝西部金融中心建设与区域协调发展之间的关系问题依然所知有限。

（二）未来研究展望

在中央大力推动成渝地区双城经济圈建设的背景下，近年来关于成渝城市群发展的相关研究不断涌现，一些研究关注了成渝城市群发展中存在的区域发展不平衡和“中部塌陷”问题，揭示出了成渝城市群在未来发展中面临的缺乏有足够实力的次级中心城市支撑的问题。显然，这一问题不但会影响成渝地区的区域协调发展，长期来看，也会制约成渝地区双城经济圈整体实力的进一步提升。作为中国经济发展的“第四极”，通过重庆和成都的发展带动成渝乃至西部其他城市的发展是成渝地区双城经济圈发展应该担负起的责任。因此，要解决成渝城市群当前存在的“中部塌陷”问题，作为一项非常重要的制度性资源，金融要素对城市和区域发展的作用是不容忽视的，以金融要素的分布优化来助力成渝地区双城经济圈次级中心城市的培育，打造具有区域辐射力的金融市场体系，增强金融资源配置能力和影响力，有望成为破解成渝地区双城经济圈当前发展瓶颈的重要突破口。2020 年 10 月的中央政治局会议在明确使成渝地区成为具有全国影响力的重要经济中心、科技创新中心、改革开放新高地、高品质生活宜居地“两中心两高地”的定位的同时，还特别强调了要“处理好中心和区域的关系”，实现“以点带面、均衡发展”的局面，并在《成渝地区双城经济圈建设规划纲要》正式印发仅两个月以后迅速推动了《成渝共建西部金融中心规划》。在成渝地区双城经济圈的发展已经上升为国家战略的背景下，如何在增强重庆和成都双核发展能级和综合竞争力的同时，培育一批具有足够规模和竞争力的次级中心城市，克服成渝城市群长期以来的区域发展不平衡问题，实现经济圈内不同层级城市的协同发展以便更好地支撑城市群整体实力的提升？如何处理好成渝西部金融中心建设与区域协同发展之间的关系？显然，探索以金融要素的集聚为手段，优化成渝地区城市层级体系，促进区域协同发展的路径，对于新发展格局下成渝地区双城经济圈高质量发展，具有重要而迫切的现实意义。

第四章

成渝城市群城市层级体系和金融集聚定量测度

一、成渝地区双城经济圈城市规模与城市层级体系演变

（一）成渝地区双城经济圈城市规模演变分析

根据《成渝地区双城经济圈建设规划纲要》，成渝地区双城经济圈包括了重庆、成都、自贡、泸州、德阳、绵阳、遂宁、内江、乐山、南充、眉山、宜宾、广安、达州、雅安、资阳 16 个地级及以上城市①。下面我们以成渝地区双城经济圈范围内的 16 个地级及以上城市为研究对象，对其城市规模及其演变趋势进行比较分析。

不论是学术界还是政府一般都以城市人口的数量来衡量和划分城市规模，而当前官方关于城市规模最权威的划分标准是国务院在 2014 年 11 月印发的《关于调整城市规模划分标准的通知》，该通知以各城市城区常住人口为依据，将我国城市划分为了“五类七档”，具体划分标准为：“城区常住人口 50 万以下的城市为小城市，其中 20 万以上 50 万以下常住人口的城市为Ⅰ型小城市，20 万以下常住人口的城市为Ⅱ型小城市；城区常住人口 50 万以上 100 万以下的城市为中等城市；城区常住人口 100 万以上 500 万以下的城市为大城市，其中 300 万人以上 500 万人以下的城市为Ⅰ型大城市，100 万人以上 300 万人以

① 上述城市中的个别县级行政区域并没有包含在成渝地区双城经济圈的规划范围中，但限于数据可得性，与现有研究一样，本研究以上述城市的全部市辖区范围作为研究对象。

下的城市为Ⅱ型大城市；城区常住人口500万以上1000万以下的城市为特大城市；城区常住人口1000万以上的城市为超大城市”。

为分析成渝地区双城经济圈各城市规模的变化情况，本章采用《中国城市统计年鉴》中的市辖区人口数据①，分别梳理了各城市在2003年、2011年以及2019年的年末总人口、市辖区年末总人口情况②，并根据市辖区年末总人口的数量对成渝地区各城市的城市规模进行了排序，见表4－1。

表4－1　成渝地区双城经济圈各城市人口规模演变　单位：万人

地区	2003年			2011年			2019年		
	年末总人口	市辖区年末总人口	城市规模排序	年末总人口	市辖区年末总人口	城市规模排序	年末总人口	市辖区年末总人口	城市规模排序
重庆	3130.1	1010.1	1	3329.8	1770.6	1	3416	2479	1
成都	1044.31	452.57	2	1163.3	544.8	2	1500	876	2
宜宾	515.01	76.95	13	542.9	124.2	9	552	230	3
南充	717.73	184.8	3	756.2	194.4	3	724	194	4
达州	628.46	39.57	15	690.7	43.2	15	659	176	5
绵阳	527.52	110.73	9	543.4	123	10	531	175	6
泸州	468.06	139.51	5	503	147.2	6	509	152	7
自贡	315.3	106.93	10	327.1	149.8	5	320	147	8
遂宁	376.6	146.53	4	382.7	151.8	4	362	146	9
内江	421.25	138.57	6	426.1	142	7	408	139	10

① 按照国务院《关于调整城市规模划分标准的通知》等官方文件的说明，“城区是指在市辖区和不设区的市，区、市政府驻地的实际建设连接到的居民委员会所辖区域和其他区域”，其统计口径要小于《中国统计年鉴》等各类年鉴中的“城镇常住人口”指标，与《中国城市统计年鉴》中的“市辖区年末人口”也并不完全一致。由于当前官方的各类统计资料多报告“城镇人口”而很少报告其城区人口，因此，限于数据的可得性，此处我们采用与城区人口统计口径更为接近的《中国城市统计年鉴》所公布的各城市市辖区年末总人口数据来对成渝地区各城市的城市类型进行划分。

② 本研究选择以2003年作为研究时间起点的原因有两方面：一方面，2003年对应于“成渝经济区”概念第一次在国家层面的报告中出现；另一方面，由于较早年份的数据缺失较多，从2003年开始成渝各地级市的相关数据基本上比较完整。以2011年作为中间点对应于2011年《成渝经济区区域规划》的正式通过；以2019年作为终点则主要是因为可以获得的最新市辖区人口数据截至2019年。当然，后文我们还将利用2020年第七次人口普查所报告的城镇人口数据对成渝地区各城市最新的总人口和城镇人口变动趋势进行分析。

续表

地区	2003 年			2011 年			2019 年		
	年末总人口	市辖区年末总人口	城市规模排序	年末总人口	市辖区年末总人口	城市规模排序	年末总人口	市辖区年末总人口	城市规模排序
广安	448.53	121.68	7	468.5	125.6	8	459	126	11
眉山	340.66	82.26	12	350.8	86.2	13	342	120	12
乐山	347.63	113.12	8	354.4	115.5	11	350	116	13
资阳	487.57	105.04	11	503.9	109.5	12	342	107	14
德阳	380.59	62.24	14	390.5	67.7	14	384	94	15
雅安	153.15	34.14	16	155.8	34.7	16	153	62	16

数据来源：笔者根据《中国城市统计年鉴（2004～2020）》整理。

从表 4－1 中报告的各城市在 2003 年的人口规模数据可以看出，早在 2003 年，重庆市辖区人口就超过了 1000 万，是成渝城市群人口规模最大的城市；第二大城市成都的市辖区人口在 2003 年时尚没有超过 500 万①。除了重庆和成都以外，成渝城市群中尚没有市辖区人口规模超过 200 万的城市，但有 9 个城市的人口规模超过了 100 万，分别为南充、遂宁、泸州、内江、广安、乐山、绵阳、自贡、资阳；而眉山、宜宾、德阳、达州、雅安 5 个城市的人口规模在 100 万以下。2011 年成渝城市群第一大城市重庆的市辖区人口较 2003 年增长了 75%，达到了 1770 万人，同时第二大城市成都的市辖区人口也超过了 500 万人；成渝城市群范围内人口超过 100 万的城市有南充、遂宁、自贡 泸州、内江、广安、宜宾、绵阳、乐山、资阳 10 个城市，与 2003 年相比，宜宾市人口增加到了 100 万以上。2019 年，重庆市辖区人口已超过 2000 万，成都市辖区人口也出现了快速的增长，达到 876 万人，人口超过 100 万的城市进一步增加，达到了 12 个，此外，仅德阳和雅安城区人口规模在 100 万以下。

为进一步观察成渝地区双城经济圈的城市层级体系及其演变，我们按照国务院《关于调整城市规模划分标准的通知》中的“五类七档”城市划分方法对各城市进行了分类，结果见表 4－2。从表 4－2 可以看出，2003 年时，成渝

① 根据《中国城市统计年鉴》数据，成都市辖区人口于 2007 年首次超过 500 万。

城市群仅有重庆为超大城市，没有特大城市，成都由于城区人口未超过500万，属于大城市（Ⅰ型）；南充、遂宁、泸州、内江、广安、乐山、绵阳、自贡、资阳9个城市属于大城市（Ⅱ型），眉山、宜宾、德阳3个城市属于中等城市，而达州和雅安为小城市（Ⅰ型），成渝城市群没有属于小城市（Ⅱ型）的城市。2011年时，成渝城市群拥有1个超大城市重庆，1个特大城市成都；但是缺少大城市（Ⅰ型），大城市（Ⅱ型）的数量增加到了10个，分别为南充、遂宁、自贡、泸州、内江、广安、宜宾、绵阳、乐山、资阳，同时有2个中等城市和2个小城市（Ⅰ型）。2019年，成渝城市群中依然有1个超大城市重庆，1个特大城市成都；由于达州、眉山等城市人口的增加，大城市（Ⅱ型）增加到了12个，但是依然没有大城市（Ⅰ型）出现，中等城市依然是2个，以前的小城市（Ⅰ型）达州和雅安市辖区人口增长明显，分别成长为了大城市（Ⅱ型）和中等城市。

表4-2　成渝地区双城经济圈“五类七档”城市层级划分

城市类型	2003年城市层级	2011年城市层级	2019年城市层级
超大城市	重庆	重庆	重庆
特大城市	无	成都	成都
大城市（Ⅰ型）	成都	无	无
大城市（Ⅱ型）	南充　遂宁　泸州　内江　广安　乐山　绵阳　自贡　资阳	南充　遂宁　自贡　泸州　内江　广安　宜宾　绵阳　乐山　资阳	宜宾　南充　达州　绵阳　泸州　自贡　遂宁　内江　广安　眉山　乐山　资阳
中等城市	眉山　宜宾　德阳	眉山　德阳	德阳　雅安
小城市（Ⅰ型）	达州　雅安	达州　雅安	无
小城市（Ⅱ型）	无	无	无

从2003~2019年成渝地区双城经济圈的城市层级体系的演变可以看出，长期以来，成渝城市群除了重庆和成都这两个超大和特大城市作为中心城市以外①，始终缺乏城市人口超过300万的大城市作为次级中心城市，而截至2019

① 需要说明的是，根据国家统计局于2021年9月发布的《经济社会发展统计图表：第七次全国人口普查超大、特大城市人口基本情况》报告，成都市第七次普查人口城区常住人口超过了1000万，已成为超大城市，为了保证城市人口统计口径一致且能够与其他城市进行比较，此处我们依然按照2019年市辖区人口数据将成都市划分为特大城市。

年，城市人口超过 200 万的城市也仅有 1 个。从整个城市群的城市层级体系来看，与长三角、珠三角等发展较早的城市群相比，成渝城市群的城市层级缺乏具有足够人口规模的次级中心城市的支撑，在空间分布上呈现出“双核共振，中部塌陷”的现象（杨晓波和孙继琼，2014；张学良等，2018；刘蓉和晋晓姝，2021）。

张学良等（2018）利用我国第五次和第六次人口普查数据对成渝城市群城市规模进行了研究，发现 2000～2010 年，除重庆、成都、泸州 3 个城市以外，成渝城市群 16 个地级及以上城市中有 13 个城市出现了人口规模下降的情况，尤其是资阳、自贡、内江等成渝地区中部地带的城市发展陷入了“塌陷”。为进一步分析成渝城市群区域发展不平衡和“中部塌陷”问题的现状，本研究借鉴张学良等（2018）的思路，采用我国第七次人口普查数据和第六次人口普查数据，分别对 2010～2020 年成渝城市群 16 个地级及以上城市的总常住人口和城镇人口的变化进行对比分析，其人口变化情况见表 4－3。从表 4－3 中计算的各城市总人口变化情况可以看出，2010～2020 年，成渝城市群 16 个地级及以上城市中，有 9 个城市总人口规模出现了下降，有 7 个城市总人口出现了上升。同时，除了成都和重庆“双核”的城市总人口增长率超过 10% 以外，绵阳市的总人口增加超过了 5%，而眉山、泸州、广安和宜宾等其他 4 个总人口增加的城市的人口增幅相对较小，分别只增加了 0.16%、0.85%、1.54%、2.61%，其人口规模基本上保持了第六次人口普查时的水平。在总人口下降的 9 个城市中，内江、遂宁、资阳、南充 4 个城市均出现了超过 10% 的人口萎缩，自贡市的总人口规模下降了 7%，其他城市的人口下降均在 5% 以内。从城镇人口的变化角度来看，2010～2020 年成渝城市群 16 个地级及以上城市的城镇人口均呈现出明显的增加趋势。如果将本研究结论与张学良等（2018）利用第五次和第六次人口普查数据的结果相对比可以看出，成渝城市群总人口下降的城市由 13 个减少到了 9 个，可见，成渝城市群各城市的人口收缩问题近 10 年来得到了较为明显的缓解，但需要指出的是，位于成渝城市群中间地带的内江、遂宁、资阳、南充依然出现了相当明显的人口收缩，这表明成渝城市群长期存在的“中部塌陷”格局依然没有明显地改善。

表 4－3 成渝地区双城经济圈最近两次人口普查数据对比

地区	第七次人口普查		第六次人口普查		人口变化	
	总人口（人）	城镇人口（人）	总人口（人）	城镇人口（人）	总人口变化率	城镇人口变化率
重庆市	32054159	22264028	28846170	15295803	11.12%	45.56%
成都市	20937757	16492980	15118840	9602299	38.49%	71.76%
宜宾市	4588804	2358244	4472001	1500544	2.61%	57.16%
南充市	5607565	2815934	6278622	2254674	-10.69%	24.89%
达州市	5385422	2682166	5468092	1788418	-1.51%	49.97%
绵阳市	4868243	2515103	4613862	1838663	5.51%	36.79%
泸州市	4254149	2137464	4218426	1487444	0.85%	43.70%
自贡市	2489256	1379139	2678898	1098900	-7.08%	25.50%
遂宁市	2814196	1612641	3252551	1248415	-13.48%	29.18%
内江市	3140678	1572595	3702847	1457298	-15.18%	7.91%
广安市	3254883	1434388	3205476	931959	1.54%	53.91%
眉山市	2955219	1481605	2950548	975559	0.16%	51.87%
乐山市	3160168	1678367	3235759	1277315	-2.34%	31.40%
资阳市	2308631	953225	2593843	760660	-11.00%	25.32%
德阳市	209088	107961	212185	79269	-1.46%	36.20%
雅安市	1434603	757151	1507264	521767	-4.82%	45.11%

数据来源：笔者根据全国第七次人口普查和第六次人口普查数据整理。

（二）基于齐普夫法则的成渝地区双城经济圈城市规模分布研究

成渝地区双城经济圈各城市的规模如何分布才是理想的？近年来，“齐普夫法则”被广泛应用于分析城市群的理想规模分布问题，该规律也多被学者们称为“等级—规模”法则（Zipf，1949；梁琦等，2004）。下面我们首先对该法则的具体思路进行简要介绍。

Auerbach（1913）较早对美国和欧洲城市规模分布的研究发现，如果将 N 个城市的人口规模按照从大到小的顺序排列，其城市的人口规模乘以城市的排名名次所得到的结果几乎是一个常数 C，其表达式如式（4－1）所示：

$$P_R \cdot R = C \tag{4-1}$$

其中，R 为城市人口从大到小的排序，P_R 表示排名第 R 位城市的人口规模，C 代表一个国家或城市群最大城市（即首位城市）的人口规模。如果将式（4－1）进行变形可以得到如式 4－2 所示的齐普夫函数：

$$P_R = C/R \tag{4-2}$$

按照 Lotka（1926）的思路，在式（4－2）加入一个指数变量 b 后齐普夫函数变为：

$$P_R = CR^{-b} \tag{4-3}$$

显然，式（4－1）可以看作是式（4－3）的特殊形式，如果式（4－3）满足 $b=1$ 的条件，则式（4－3）就等同于式（4－2）；如果对式（4－3）两边同时取对数，得到的结果如式（4－4）所示。

$$\ln P_R = \ln C - b \cdot \ln R \tag{4-4}$$

以式（4－4）为基础，齐普夫法则是否成立就可以通过检验式（4－4）中的 b 是否等于 1 而得到验证，如果 $b=1$，则齐普夫法则成立，反之则齐普夫法则不成立。

为了便于估计，对式（4－4）进行简单的变形，将排序的自然对数移到等式左边，得到式（4－5）：

$$\ln R = \ln C/b - 1/b \cdot \ln P_R \tag{4-5}$$

令常数项 $\ln C/b$ 为 A，$1/b$ 为α，则式（4－5）可以进一步简化为式（4－6）的形式：

$$\ln R = A - a \cdot \ln P_R \tag{4-6}$$

式（4－6）是参数为 a 的帕累托分布的累计分布函数，其中 R 表示人口规模大于等于 P_R 的城市数量。帕累托指数 a 则可以反映出城市的人口分布情况，如果按照式（4－6）构建模型进行估计，则可以通过检验 a 是否等于 1 来验证齐普夫法则是否成立：当 $a=1$ 时，齐普夫法则就是成立的；如果 $a>1$，则意味着人口在大小城市之间的分布更加地平均，如果 $a<1$ 则意味着城市间人口分布更加集聚在排名靠前的大城市，小城市的人口规模过小（Alperovich，1992）。

现有研究多利用式（4－4）或式（4－6）来检验某个国家或者城市群的城市分布是否符合齐普夫法则。本章我们首先利用式（4－6）建立以城市人口排序对数为被解释变量，以人口规模对数为解释变量的计量模型，并通过对 a 是否等于 1 的统计检验来验证成渝地区双城经济圈各城市分布是否符合齐普夫法则。和上文的观察时点一样，我们分别对 2003 年、2011 年和 2019 年成渝地区双城经济圈范围内各个城市的“等级—规模”进行 OLS 回归，其结果见表 4－4。

从表 4－4 对 $a=1$ 的检验结果可以看出，不论是 2003 年、2011 年还是 2019 年，成渝地区双城经济圈各城市规模分布均显著拒绝 $a=1$ 的原假设，表明其城市规模分布不符合齐普夫法则。从各个模型帕累托指数的估计结果可以看出，2003 年、2011 年和 2019 年的 a 均小于 1，这说明与齐普夫法则的理想状态相比，成渝城市群城市人口主要集中在少部分大城市，城市规模分布呈现出过于集聚的情况。而且，从不同观察时点的三个模型的帕累托指数大小的比较来看，与 2003 年相比，2011 年和 2019 年的帕累托指数明显更小，这可能意味着，成渝地区双城经济圈的城市规模分布正在不断偏离齐普夫法则的理想城市规模，城市群人口在不断集聚。

表 4－4　成渝城市规模分布齐普夫法则检验回归结果

年份	2003	2011	2019
常数项（lnc）	6.2960*** (0.3758)	5.8834*** (0.4078)	6.2233*** (0.4413)
帕累托指数（a）	0.9127*** (0.0772)	0.8040*** (0.0813)	0.8273*** (0.0836)
齐普夫法则检验（$a=1$）	612.84*** (0.0000)	491.63*** (0.0000)	477.28*** (0.0000)
R^2	0.9088	0.8746	0.8748
F 检验值	139.54*** (0.0000)	97.66*** (0.0000)	97.83*** (0.0000)

注：***、**、* 分别表示估计值在 1%、5% 和 10% 的置信水平上显著异于 0。

为了更为直观地观察成渝地区双城经济圈城市规模分布是否符合齐普夫法则以及与该法则之间的差距，下面我们以式（4－4）为基础，以首位城市的人口规模为参照，测算出严格符合齐普夫法则的其他城市的理想城市人口规模，并和各城市的实际“等级—规模”组合点进行对比。

图 4－1 是我们以 2003 年成渝地区 16 个地级及以上城市的城市人口规模

对数为横轴，城市等级排序对数为纵轴绘制的“等级—规模”散点图，同时，为了直观地观察相应城市的“等级—规模”组合是否符合齐普夫法则，我们以首位城市重庆的人口规模对数为参照，绘制了严格符合齐普夫法则的理想的城市人口“等级—规模”线（以下图表中均简称为“齐普夫法则线”）。

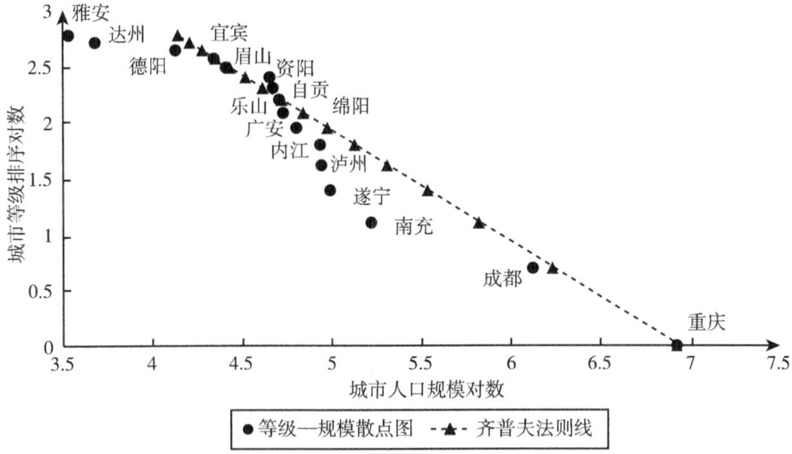

图 4－1　2003 年成渝地区双城经济圈规模分布与齐普夫法则

从图 4－1 可以看出，与式 4－4 所呈现的各城市“等级—规模”关系一样，理想的齐普夫法则曲线是一条斜率为－1 的直线①。从图 4－1 中的“等级—规模”散点图和齐普夫法则线的对比可以看出，成渝城市群首位城市和第二位城市的“等级—规模”组合点与齐普夫法则线的距离较近，说明其城市规模分布较为接近齐普夫法则，但第三位到第七位城市的城市规模与齐普夫法则线距离较远，而且位于齐普夫法则线的左侧，说明成渝城市群除首位和第二位城市重庆和成都以外，其他城市的人口规模相对较小，偏离了齐普夫法则所预测的理想状态；第八位城市到第十四位城市构成的“等级—规模”散点则分布在齐普夫法则线的周围，距离较近；但最后两位城市的“等级—规模”组合点再次出现了较为明显的向左偏离。从图 4－1“等级—规模”散点图和齐普夫法则线的对比可以发现，2003 年时成渝城市群的城市规模分布整体上

① 由于我们在计算和绘制成渝城市群各城市理想人口规模线时对计算结果进行了四舍五入，导致个别点之间的连线不一定呈现一条严格的直线，这是数据处理误差导致的。

并不符合齐普夫法则，除了前两位城市和中间靠后的城市规模与理想规模较为接近外，但其他城市则出现了明显的向左偏离，这表明，除重庆和成都“双核”以外，其他大部分城市的人口规模偏小。

为分析成渝地区双城经济圈城市规模分布的变化趋势，我们同时根据2011年和2019年成渝地区双城经济圈城市人口规模和等级数据绘制了相应的“等级—规模”散点图和齐普夫法则线如图4-2和图4-3所示。从图4-2和图4-3与图4-1的对比可以看出，以齐普夫法则线为参照，成渝地区双城经济圈各城市的“等级—规模”散点图出现了明显的向左移动，2003年尚有部分中间靠后城市处于齐普夫法则线附近，但是2011年和2019年，除首位城市和第二位城市的“等级—规模”散点依然位于齐普夫法则线附近以外，其他城市的“等级—规模”散点图均出现了明显的向左偏移，而且，随着时间的推移，其向左偏移的程度呈现出加剧的趋势，这表明成渝地区双城经济圈在近20年的发展中，重庆和成都“双核”的人口规模与其他城市呈现出逐渐拉大的趋势，向着越来越偏离齐普夫法则的方向发展。同时，横向对比成渝地区双城经济圈16个地级及以上城市与齐普夫法则线的偏离程度我们也可以发现，排序在第三到第七位左右的中间规模的城市与齐普夫法则线的偏离程度最大，从城市规模分布角度来说，这也是另一种意义上的“中部塌陷”。

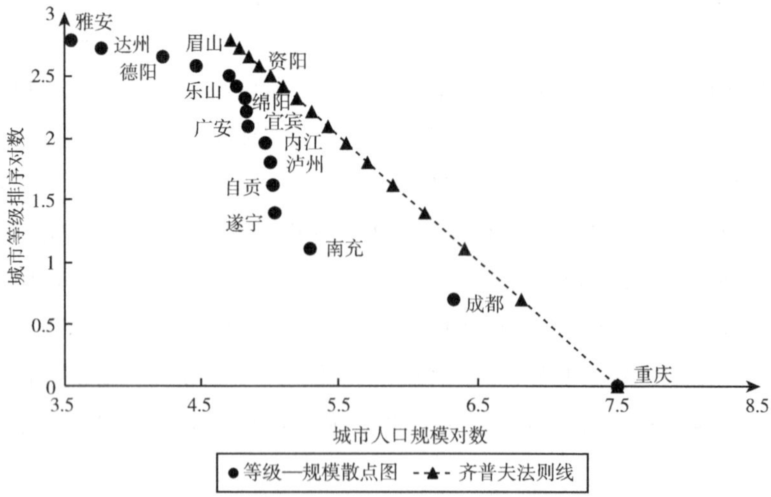

图4-2　2011年成渝地区双城经济圈城市规模分布与齐普夫法则

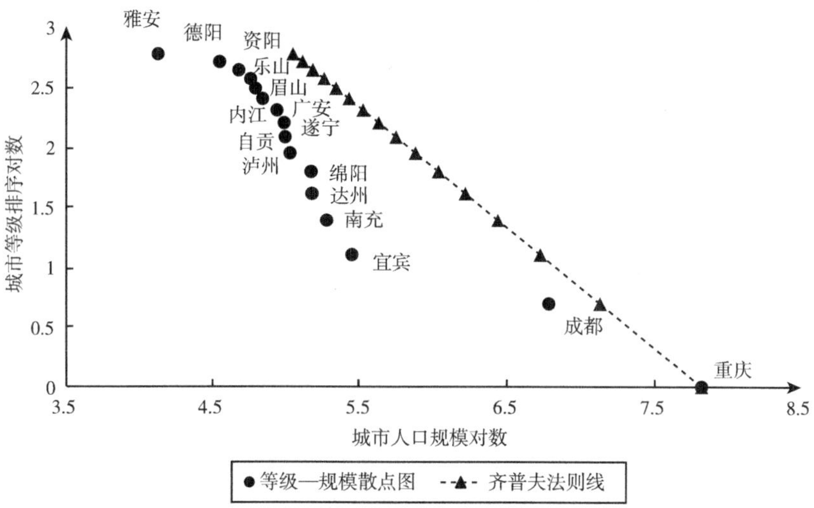

图 4-3 2019 年成渝地区双城经济圈城市规模分布与齐普夫法则

本章的研究结论不仅印证了成渝地区双城经济圈在城市空间分布意义上存在着现有研究所强调的中部地带城市的“塌陷”问题，同时发现，从城市层级体系角度来看，成渝地区双城经济圈在重庆和成都两个超大城市以外，缺乏城区人口在 300 万以上的大城市（Ⅰ型）次级中心城市的支撑；从城市规模分布角度来看，成渝地区双城经济圈也存在着中间位次城市规模不断偏离齐普夫法则的问题。可见，本研究关于成渝城市群中部地带城市“塌陷”问题的再审视，有望丰富和拓展学界对成渝城市群城市层级体系和区域发展不平衡问题的认识。

最后需要指出的是，虽然齐普夫法则并不一定代表所有国家和地区的常态，也不一定适用于每一个城市群，但是它从一个整体的角度预测和描述了个体的可能分布，代表了一种要素自由流动条件下的人口自然分布的理想状态。成渝地区双城经济圈城市规模分布不符合齐普夫法则且在不断偏离该法则所预测的理想规模，这一结论在一定程度上说明了当前成渝地区双城经济圈城市规模分布并没有处在一个最有效率的状态。从城市层级体系和城市规模分布角度来看，成渝地区双城经济圈的未来发展缺乏城区人口在 300 万以上的次级中心城市的支撑，中间位次城市的人口规模过小，存在着城市群内部层级结构不够合理的问题。在成渝地区一体化发展进入关键阶段的背景下，成渝地区双城经济圈作为我国构建新发展格局的重要战略腹地，肩负着由国家级城市群向世界级城市群跨越的重要使命，要进一步提升成渝城市群整体实力，成渝地区双城经济圈亟须培育一批人口众多、实力强劲的次级中心城市作为城市群未来发展的支撑，形成“中心城市—次级中心城市—中小城市”协调发展的良好局面，以带动长江上游乃至整个西部地区实现高质量发展。

（三）成渝地区双城经济圈城市中心性指标测度

衡量一个城市在整个国家或者城市群中的角色和定位，除了分析其城市规模分布规律以外，近年来有越来越多的国内研究借鉴城市地理学中的城市中心性概念（Christaller，1933）来衡量不同城市在城市层级体系中的相对重要性。一般认为，城市中心性是指一个城市为城市群其他城市服务的相对重要性，如果一个城市对于城市群其他城市的相对重要性越高，则其在城市群中的城市中心性越高，该城市也处于更高的城市层级，反之，则该城市的城市中心性越低并处于较低的城市层级。当前关于城市中心性指标的测算思路主要可以分为两类。第一类思路认为一个城市的经济发展水平与其他城市的联系程度能较好地反映该城市的中心性，因此多利用能够体现城市之间相互影响的指标来测度城市中心性，例如，周一星和张莉（2003）通过外贸货流和铁路客货流等交通数据来定义城市之间的联系程度；程玉鸿和孟俊华（2014）则采用了与目标城市直接相连的城市个数等指标来刻画城市之间的相互影响，也有研究借鉴国际经济学中的引力模型来刻画城市之间的相互作用，以对其城市中心性进行测度（孙楚仁，2021）。第二类思路认为城市中心性体现了单个城市在城市群中的资源要素集聚能力，而人口流动最能够体现出城市对其他城市的吸引力，因此倾向于从人口流动和就业角度，选取主要行业从业人员、就业规模空间分布等方面指标来刻画城市的中心性（周一星，2001；孟延春和谷浩，2016；张婷麟和孙斌栋，2017；王如玉，2019）。

后文我们分别借鉴上述两种思路，采用引力模型和主要行业从业人员综合指标体系来衡量成渝地区双城经济圈 16 个地级及以上城市在城市群中的相对重要性和影响力，以对各城市的城市中心性进行定量观察。

1. 基于引力模型的城市中心性指标测度。

首先，本章我们借鉴孙楚仁（2021）的测算思路，利用引力模型对成渝地区双城经济圈 16 个地级及以上城市的城市中心性进行刻画。引力模型主要涉及两方面关键要素，第一个要素反映空间节点的经济规模，一般用地区生产总值表示；第二个要素反映空间节点的可达性，现有研究多用地区间的地理距离表示该要素。具体到城市间的引力模型研究，一个城市的经济规模反映了其发展水平，一个城市的地理位置在一定程度上决定了其辐射能力，到其他城市的平均距离越短，代表该城市通达性越高且周围的城市密度越大，其辐射能力也越强。因此，上述两方面指标可以综合反映城市在城市群层级中所处的地位及其相对重要性，我们采用城市间地理距离和城市 GDP 指标，构造的城市间的引力系数如式（4－7）所示。

$$R_{ij} = \frac{GDP_i \times GDP_j}{Dis_{ij}} \tag{4-7}$$

其中，R_{ij}代表城市 i 和城市 j 之间的引力系数，GDP_i和 GDP_j则分别表示城市 i 和城市 j 的地区生产总值，Dis_{ij}代表城市 i 和城市 j 之间的地理距离，本研究我们采用两个城市行政中心之间的最短公路距离来测算①。由于经济发展水平更高和地理距离越近的城市之间更有可能存在更高频率和更大规模的经济往来，因此 R_{ij}的值越大则表示两个城市之间的经济联系越大；反之，经济发展水平越低和地理距离越长的城市之间的经济联系会越小，表现为两个城市的 R_{ij}的值会较小。

根据式（4－7）得到成渝地区双城经济圈任意两个城市之间的引力系数 R_{ij}以后，我们利用每个城市对城市群内所有其他城市的平均引力值来计算每个城市的城市中心性。具体地，城市 c 在 t 年的中心性指标的计算方法如式（4－8）所示。

$$C_i = \sum_{j=1}^{n} R_{ij}/n \tag{4-8}$$

其中，C_i 代表城市 i 在成渝城市群中的城市中心性，n 为成渝城市群包

① 我们也尝试过采用其他衡量地理距离的方法来计算引力系数，并据此计算城市中心性，发现不同的地理距离测量方法对各个城市在成渝城市群中的城市中心性指标几乎没有影响。

含的城市总数，R_{ij}代表城市 i 和城市 j 间的引力系数。同时式（4－7）和式（4－8）的基于引力模型的城市中心性指标测算方法介绍可以看出，这种测算方法具有两个优点：第一，能够较好地体现城市与城市之间的联系，特别适合于对某个城市群范围的城市之间的影响力和层级进行测度；第二，数据简单易得，不会由于数据缺失、数据测量误差和数据测量口径不一致而影响测算结果。因此，本部分我们首先采用基于引力模型的城市中心性指数方法对成渝地区双城经济圈的城市之间的影响力进行测算，测算结果见表4－5。

表4－5　成渝地区双城经济圈各城市中心性与城市规模排序对比

地区	城市中心性均值	城市中心性排序	城市规模排序
成都	279135.0975	1	2
重庆	268077.8496	2	1
德阳	68893.8204	3	15
绵阳	64037.4225	4	6
南充	50728.0593	5	4
宜宾	50148.5862	6	3
泸州	46800.4232	7	7
眉山	43553.7759	8	12
乐山	40316.9521	9	13
内江	38826.7818	10	10
自贡	36348.6119	11	8
遂宁	35501.2926	12	9
广安	31095.2467	13	11
达州	30095.5905	14	5
资阳	23686.8627	15	14
雅安	14433.2003	16	16

表4－5中报告了利用公式（4－7）和公式（4－8）测算得到的成渝地区双城经济圈各个城市的城市中心性排序，并列出了前文根据人口规模测量的城市规模排序以和城市中心性指标排序进行对比。从城市中心性指标排序可以看出，成都和重庆作为成渝地区双城经济圈的核心城市，其城市中心性明显大于其他城市，排名第3～6位的城市分别为德阳、绵阳、南充和宜宾；泸州、眉

山、乐山、内江、自贡、遂宁、广安、达州 8 个城市中心性均值介于 30000 ~ 50000 之间，资阳和雅安城市中心性较低，排名靠后。从表 4 – 5 第 4 列与城市规模排序的对比可以看出，整体而言，成渝地区双城经济圈各城市的城市规模和城市中心性排序差别并不大，但是也有部分城市表现出了城市人口规模和城市中心性的背离，例如，德阳的城市规模较小，但其城市中心性排名却较为靠前；达州的城市规模较大，但由于地理位置等原因，其城市中心性得分并不高。

2. 基于指标体系的成渝地区双城经济圈城市中心性测度。

前文我们利用采用第一类思路，基于引力模型，以地区生产总值和地理距离为核心变量测算了成渝地区双城经济圈各城市的城市中心性，下面我们采用第二种思路，从人口流动和就业角度，借鉴周一星（2001）和王如玉（2019）等的指标设计方法，选取了各城市市辖区商业、服务业、交通运输信息业和制造业从业人员等四个一级指标，9 个二级指标和 15 个三级指标来综合测算不同城市的城市中心性，具体指标体系见表 4 – 6。

表 4 – 6　成渝地区双城经济圈城市中心性评价指标表

一级指标	二级指标	三级指标	熵值法指标权重
商业	批发零售	批发和零售业从业人员数	0.0622
	住宿餐饮	住宿和餐饮业从业人员数	0.0572
服务业	金融地产	金融业从业人员数	0.0761
		房地产业从业人员数	0.0702
	社会服务	租赁和商务服务业从业人员数	0.0654
		居民服务、修理和其他服务业从业人员数	0.0533
	科教文卫	教育从业人员数	0.0706
		卫生和社会工作从业人员数	0.0714
		科研综合技术服务业从业人员数	0.0692
		文化体育和娱乐业从业人员数	0.0573
	政府和社会组织管理	水利环境和公共设施管理业从业人员数	0.0750
		公共管理社会保障和社会组织从业人员数	0.0722
交通运输和信息业	交通物流	交通运输仓储和邮政业从业人员数	0.0662
	信息传输	信息传输计算机服务和软件业从业人员数	0.0625
制造业	制造业	制造业从业人员数	0.0711

为了更合理地确定指标权重，本章采用类似研究中最常用的熵值法来确定指标权重（薛丽芳等，2009），并用等权重法对测算结果进行对比，以验证结论的稳健性。

一般认为，熵是对不确定性的一种度量，由于熵值只依赖于数据本身的离散性，因此利用熵值可以表征某个指标的离散程度，如果一个指标的离散程度越大，则该指标对综合评价的影响就越大，其权重也就越大。例如，如果样本数据在某指标下取值都相等，则该指标对总体评价的影响为0，权重值则为0。熵值法确定指标权重的基本思路如下。

（1）数据标准化处理。

由于此处我们选取的研究指标均为正向指标，因此本章统一按照公式（4-9）的方法进行标准化处理。

$$X'_{ij} = \frac{x_{ij} - \mathrm{Min}(x_{ij})}{\mathrm{Max}(x_{ij}) - \mathrm{Min}(x_{ij})} \tag{4-9}$$

其中，X_{ij}为第i个样本的第j个指标的原始值，$\mathrm{Max}(x_{ij})$和$\mathrm{Min}(x_{ij})$分别为j指标的最大值和最小值；X'则为第i个样本的第j个指标经过标准化处理的值，需要说明的是，由于熵值法计算权重时要求所有数据不为0，因此在利用熵值法计算指标权重时，我们对于经过数据标准化以后为0的样本，根据现有研究的常用做法，将其标准化之后的值加上一个较小的实数，令其为0.0001，以便进行熵值法权重的测算。

（2）计算第j项指标下第i个样本占该指标的比重。

$$P_{ij} = \frac{x_{ij}}{\sum_{i=1}^{n} x_{ij}} \tag{4-10}$$

（3）计算第j项指标的熵值。

$$e_j = -\frac{1}{\ln(n)} \cdot \sum_{i=1}^{n} (P_{ij} \cdot \ln(P_{ij})) \tag{4-11}$$

（4）计算评价指标权重。

$$w_j = \frac{d_j}{\sum_{i=1}^{m} d_j} \tag{4-12}$$

其中，差异系数$d_j = 1 - e_j$

（5）根据权重计算各样本综合得分。

$$Z_i = \sum_{j=1}^{m} w_j P_{ij} \tag{4-13}$$

我们利用熵值法测算得到的每个指标的权重如表4－6最后一列所示。按照熵值法确定的权重，我们根据各城市在15个指标上的表现得到了每个城市的城市中心性总得分见表4－7。从表4－7报告的每个城市的熵值法加权总得分可以看出，成都和重庆的城市中心性熵值法加权总得分分别为0.83和0.69，在成渝城市群中排名前两位。但除了这两个城市以外，其他城市的城市中心性得分均非常少，第三位城市绵阳市的中心性得分仅为0.053，而最后一位城市雅安市的城市中心性得分仅为0.0036。为验证熵值法结论的稳健性，表4－7第3列我们报告了未采用熵值法而直接采用等权重法计算的城市中心性得分，从第3列等权重总得分结果可以看出，虽然由于没有充分考虑指标的离散程度，等权重法得到的具体得分比熵值法略小，但是其排序及其揭示的核心问题和熵值法的测算结果是一致的：成渝地区双城经济圈除了成都和重庆城市中心性较强以外，其他城市还没有表现出明显的中心性，目前还不具备成为次级中心城市的实力和影响力，这可能形成成渝地区双城经济圈未来发展的一个重要阻碍。

表4－7　　　成渝地区双城经济圈城市中心性综合指标排序

城市	熵值法加权总得分	等权重总得分	熵值法城市中心性排序
成都市	0.8306	0.7922	1
重庆市	0.6935	0.6177	2
绵阳市	0.0529	0.0472	3
南充市	0.0451	0.0390	4
宜宾市	0.0394	0.0344	5
达州市	0.0346	0.0307	6
泸州市	0.0311	0.0275	7
遂宁市	0.0214	0.0195	8
德阳市	0.0208	0.0181	9
自贡市	0.0191	0.0168	10
内江市	0.0141	0.0126	11

续表

城市	熵值法加权总得分	等权重总得分	熵值法城市中心性排序
乐山市	0.0139	0.0123	12
眉山市	0.0105	0.0090	13
广安市	0.0104	0.0092	14
资阳市	0.0070	0.0059	15
雅安市	0.0036	0.0032	16

二、成渝地区双城经济圈城市金融发展和金融集聚现状分析

为了对成渝地区双城经济圈的金融发展情况进行分析，本章鉴现有研究（茹乐峰，2014；王如玉等，2019）的指标设计方法，设置了金融背景、金融规模、金融密度和金融集聚四个一级指标，从经济总量、人均收入、城市规模、存贷款规模、从业人员、人均金融发展水平、金融活动密度、金融活跃度、存贷款集中度和从业人员集中度等角度选取了11个三级指标来综合测算成渝地区双城经济圈各城市的金融发展和金融资源集聚情况，具体指标体系见表4－8。从上一节对成渝地区双城经济圈各城市的城市中心性综合指标体系的测算可以看出，熵值法和等权重法的测算结果并没有太大差异，因此，本章按照前文公式（4－9）的方法对各原始指标进行标准化处理，并利用等权重法计算的得分对各城市在各一级指标和综合指标上的表现进行排序。下面我们首先按照各城市在金融背景、金融规模、金融密度和金融集聚等一级指标上的表现进行分类分析。

表4－8　成渝地区双城经济圈金融发展和金融集聚情况指标体系

一级指标	二级指标	三级指标
金融背景	经济总量	GDP
	人均收入	人均 GDP
	城市规模	年末总人口

续表

一级指标	二级指标	三级指标
金融规模	存贷款规模	年末金融机构人民币各项存款余额
		年末金融机构人民币各项贷款余额
	金融从业人员	金融从业人员数
金融密度	人均金融发展水平	存贷款余额/总人口
	金融活动密度	存贷款余额/土地面积
	金融活跃度	存贷款余额/GDP
金融集聚	存贷款集中度	存贷款余额/全区域存贷款总额
	从业人员集中度	金融机构就业人员/全区域金融机构就业人员

（一）金融背景

为了观察成渝地区双城经济圈各城市近年来的金融背景变化情况，我们从经济总量、人均收入和城市规模角度选取了地区生产总值、人均 GDP 和年末总人口 3 个指标来进行综合测算。表 4－9 报告了成渝地区双城经济圈 2003 年各城市在金融背景方面的发展情况。从经济总量方面来看，重庆和成都的地区生产总值在 2003 年时分别为 2251 亿元和 1871 亿元，排名前两位，而其他城市的经济总量与重庆和成都两市存在明显的差距，地区生产总值均介于 100 亿～400 亿元，而排名靠后的雅安市的地区生产总值仅刚刚超过 100 亿元；从人均收入角度比较，成都人均 GDP 远高于其他城市，而德阳、重庆、绵阳等城市次之，人均 GDP 最低的城市为南充，不足成都的 1/5；从城市规模角度而言，重庆的人口规模最大，在 2003 年时人口已经超过了 3000 万，成都的总人口规模也超过了 1000 万，南充、达州、绵阳和宜宾等城市次之，总人口均超过了 500 万，与经济总量相适应，雅安的人口规模最小，仅有 153 万人。从最后一列所报告的成渝地区各城市在 2003 年金融背景的总体得分来看，重庆和成都的得分远高于其他城市，排名前两位，综合来看，资阳、广安和遂宁等城市的金融背景发展相对较为薄弱。

表 4-9　　2003 年成渝地区各城市金融背景得分和排序

	经济总量		人均收入		城市规模		金融背景综合得分	
	GDP（亿元）	排序	人均 GDP（元）	排序	年末总人口（万人）	排序	标准化得分	排序
重庆	2250.56	1	8077	3	3130.1	1	0.7732	1
成都	1870.80	2	18051	1	1044.31	2	0.7076	2
自贡	202.79	10	6388	6	315.3	15	0.1021	7
泸州	216.40	8	4634	11	468.06	8	0.0815	10
德阳	355.38	4	9344	2	380.59	11	0.2003	3
绵阳	396.58	3	7559	4	527.52	5	0.1826	4
遂宁	159.19	15	4183	12	376.6	12	0.0521	16
内江	200.32	11	4761	10	421.25	10	0.0766	11
乐山	215.56	9	6208	7	347.63	13	0.1037	6
南充	250.32	7	3393	16	717.73	3	0.0865	9
眉山	174.05	14	5113	9	340.66	14	0.0715	13
宜宾	291.02	5	5665	8	515.01	6	0.1217	5
广安	176.35	13	3950	15	448.53	9	0.0575	15
达州	255.14	6	4009	13	628.46	4	0.0912	8
雅安	100.34	16	6564	5	153.15	16	0.0721	12
资阳	194.45	12	3986	14	487.57	7	0.0655	14

2011 年成渝地区各城市在金融背景方面的发展情况见表 4-10。从经济总量指标来看，重庆 2011 年的地区生产总值超过了 1 万亿元，成都的地区生产总值达到了 6855 亿元，排名前两位，而其他城市的地区生产总值虽然与 2003 年相比有了明显的增长，但与重庆和成都的差距并没有明显缩小，排名靠后的城市依然为遂宁市和雅安市；从人均收入角度来看，2011 年时，人均 GDP 最高的城市依然为成都，重庆的人均 GDP 在 2003～2011 年有了较为明显的提升，从第三位上升到了第二位，其次为德阳、自贡、绵阳等城市，人均 GDP 最低城市的依然为南充，但整体而言，成渝地区各城市之间的人均 GDP 差距有缩小的趋势；从城市规模角度观察，重庆和成都的人口规模在 2003～2011 年均出现了较为明显的增长，其他城市的人口规模也均有不同程度的增长，但整体而言增长幅度有限，与 2003 年相比，2011 年的城市人口排序没有出现明显变化。从表 4-10 最后一列所报告的 2011 年各城市的金融背景综合得分来

看，重庆和成都在金融背景方面依然占据着很大的优势，排在前两位，其次为德阳、绵阳、自贡等城市，南充、雅安和遂宁等城市的金融背景发展较为靠后。

表 4－10　　2011 年成渝地区各城市金融背景得分和排序

	经济总量		人均收入		城市规模		金融背景综合得分	
	GDP（亿元）	排序	人均 GDP（元）	排序	年末总人口（万人）	排序	标准化得分	排序
重庆	10011.37	1	34500	2	3329.8	1	0.8532	1
成都	6854.58	2	48755	1	1163.3	2	0.6636	2
自贡	780.36	12	29101	4	327.1	15	0.1638	5
泸州	900.87	9	21339	12	503	8	0.1065	10
德阳	1137.45	4	31562	3	390.5	11	0.2081	3
绵阳	1189.11	3	25755	6	543.4	5	0.1661	4
遂宁	603.36	15	18528	14	382.7	12	0.0546	16
内江	854.68	10	23062	9	426.1	10	0.1145	9
乐山	918.06	8	28339	5	354.4	13	0.1635	6
南充	1029.48	6	16386	16	756.2	3	0.0865	14
眉山	673.34	13	22793	11	350.8	14	0.0976	12
宜宾	1091.18	5	24424	7	542.9	6	0.1490	7
广安	659.90	14	20572	13	468.5	9	0.0866	13
达州	1011.83	7	18474	15	690.7	4	0.1005	11
雅安	350.13	16	23147	8	155.8	16	0.0696	15
资阳	836.44	11	22931	10	503.9	7	0.1207	8

表 4－11 报告了 2019 年成渝地区双城经济圈各城市金融背景方面的发展和排序情况。从经济总量方面来看，重庆和成都的地区生产总值在 2019 年时分别达到了 2.36 万亿元和 1.7 万亿元，绵阳、宜宾、德阳、南充和达州等城市排名次之，其地区生产总值介于 2000 亿～3000 亿元，资阳和雅安的排名最为靠后，地区生产总值均不足 1000 亿元；从人均收入角度比较，2019 年成都人均 GDP 超过了 10 万元，依然为最高，但其他城市与首位城市的差距在进一步缩小，人均 GDP 最低的城市变为了达州和资阳；从城市规模角度而言，重庆的总人口规模超过了 3400 万，成都的人口规模也出现了快速的增长，达到了 1500 万人，但是其他城市中除了泸州和宜宾人口规模出现轻微上涨以外，

其他12个城市的人口规模均出现了不同程度的下降，例如，成渝地区人口规模最小的城市雅安，与2003年相比，其2011年的人口有小幅度的上升，但是2019年的人口规模又重新回到了2003年时的人口水平，还出现了轻微的下降。从2019年各城市金融背景的综合得分来看，重庆和成都的得分继续领跑，其次为德阳、绵阳、宜宾等城市，广安、内江和资阳等城市的金融背景发展排名靠后。

表4-11　2019年成渝地区双城经济圈各城市金融背景得分和排序

	经济总量		人均收入		城市规模		金融背景综合得分	
	GDP（亿元）	排序	人均GDP（元）	排序	年末总人口（万人）	排序	标准化得分	排序
重庆	23606	1	75828	2	3416	1	0.8731	1
成都	17013	2	103386	1	1500	2	0.7082	2
自贡	1428	11	48904	7	320	15	0.1097	8
泸州	2081	7	48105	8	509	7	0.1348	7
德阳	2336	5	65745	3	384	10	0.2070	3
绵阳	2856	3	58685	4	531	6	0.1971	4
遂宁	1346	13	42113	11	362	11	0.0815	12
内江	1433	10	38743	12	408	9	0.0720	15
乐山	1863	9	56999	6	350	12	0.1564	6
南充	2322	6	36073	14	724	3	0.1049	9
眉山	1380	12	46168	10	342	13	0.0986	10
宜宾	2602	4	57003	5	552	5	0.1878	5
广安	1250	14	38522	13	459	8	0.0735	14
达州	2042	8	35625	15	659	4	0.0921	11
雅安	724	16	46984	9	153	16	0.0735	13
资阳	778	15	31019	16	342	13	0.0201	16

从表4-9、表4-10和表4-11所报告的成渝地区双城经济圈各城市的金融背景得分和排序的变化可以看出：从2003~2019年，成渝地区双城经济圈各城市的地区生产总值都出现了稳步的增加，但不同城市之间由于增长幅度不同，其地区经济实力出现了明显的分化；成渝地区各城市的人均GDP也出现了明显的增长，同时，不同地区之间的人均收入差距有缩小的趋势；从城市规模来看，从2003~2019年，重庆和成都始终保持了人口稳步增长的态势，但

是整体而言，其他城市的人口规模则出现了先增长后下降的情况，甚至有个别城市2019年的人口规模小于2003年时的人口规模。成渝地区近20年来整体经济实力和人均收入的提高为成渝地区双城经济圈的金融发展打下了坚实的基础和背景，但是部分城市人口规模的下降可能会成为其金融发展的制约因素。

（二）金融规模

本章我们从存贷款规模和从业人员规模角度选取了年末金融机构存款余额、年末金融机构贷款余额和金融从业人员数三个指标来测算成渝地区双城经济圈各城市近年来的金融规模变化情况。表4－12报告了成渝地区各城市2003年时的金融规模发展情况。从存贷款规模角度来看，2003年重庆和成都年末金融机构存款和贷款余额均排名前两位，其他城市的存贷款规模与成渝两市存在明显的差距，绵阳、德阳和南充的存贷款规模排名第3～5位，遂宁、资阳和雅安等城市的年末金融机构存贷款规模最小；从金融从业人员规模角度来看，依然是重庆和成都两市的金融从业人员规模最大，绵阳、德阳和宜宾等城市次之，遂宁、眉山和雅安等城市的金融从业人员规模较小，两类指标的排序大体上是一致的。从各城市在2003年金融规模的综合得分来看，重庆和成都的金融规模远大于其他城市，而遂宁、眉山和雅安等城市的金融规模最小。

表4－12　　2003年成渝地区各城市金融规模得分和排序

	存贷款规模				从业人员规模		金融规模综合得分	
	存款余额（万元）	排序	贷款余额（万元）	排序	金融从业人员（人）	排序	标准化得分	排序
重庆	34386068	1	27748145	1	65600	1	1	1
成都	32407873	2	25879425	2	38500	2	0.8119	2
自贡	1970890	11	1184963	11	6200	11	0.0287	11
泸州	2383450	9	1584054	9	8100	9	0.0480	8
德阳	3360816	4	2293963	4	9800	4	0.0757	4
绵阳	4333726	3	3287859	3	10400	3	0.1009	3
遂宁	1650973	14	1046816	14	4500	14	0.0147	14
内江	1987972	10	1401984	10	8300	8	0.0428	10

续表

	存贷款规模				从业人员规模		金融规模综合得分	
	存款余额（万元）	排序	贷款余额（万元）	排序	金融从业人员（人）	排序	标准化得分	排序
乐山	2401292	8	2002839	6	6300	10	0.0437	9
南充	3116437	5	2143695	5	8800	6	0.0660	5
眉山	1642857	15	1172633	12	4100	15	0.0140	15
宜宾	2631981	7	1768880	7	9400	5	0.0597	6
广安	1931918	12	1128034	13	5300	13	0.0228	12
达州	2670085	6	1598313	8	8800	6	0.0548	7
雅安	1108671	16	772255	16	3400	16	0	16
资阳	1834033	13	953247	15	5500	12	0.0208	13

表4－13报告了成渝地区双城经济圈2011年各城市的金融规模得分和排序情况。从各城市的存贷款规模角度来看，2011年成都的年末金融机构存款和贷款余额均超过了重庆，排名第一，重庆排名第二，其他城市与成渝两市的存贷款规模依然存在明显的差距，排名第3～5位的城市依然为绵阳、德阳和南充，自贡、遂宁和雅安的金融机构存贷款规模最小；从金融从业人员规模来看，重庆和成都金融从业人员规模排名前两位，南充、宜宾和德阳市等城市次之，遂宁、雅安和眉山的金融从业人员规模依然是排名较为靠后的。从表4－13最后一列报告的各城市在2011年金融规模综合得分和排序可以看出，虽然在部分指标上重庆和成都的前后排序有变化，但成渝两市的金融规模指标均远大于其他城市，中间位次城市的排序出现了一些变化，但金融规模较小的城市依然为遂宁、雅安和眉山等城市。

表4－13　2011年成渝地区双城经济圈各城市金融规模得分和排序

	存贷款规模				从业人员规模		金融规模综合得分	
	存款余额（万元）	排序	贷款余额（万元）	排序	金融从业人员（人）	排序	标准化得分	排序
重庆	158328053	2	130013940	2	67700	1	0.9556	1
成都	170980221	1	137668497	1	57200	2	0.9457	2
自贡	6767997	14	3033323	14	10000	8	0.0385	10

续表

	存贷款规模				从业人员规模		金融规模综合得分	
	存款余额（万元）	排序	贷款余额（万元）	排序	金融从业人员（人）	排序	标准化得分	排序
泸州	10004784	8	5078549	9	9000	9	0.0449	8
德阳	15099306	4	7179776	4	11500	5	0.0732	5
绵阳	19326561	3	9689798	3	11400	6	0.0874	4
遂宁	6258669	12	3294749	15	5400	14	0.0143	14
内江	7271329	13	3136869	13	6200	13	0.0201	13
乐山	10332022	5	6950433	8	7400	11	0.0419	9
南充	13623584	7	5196270	5	19300	3	0.1057	3
眉山	7619040	10	3441696	12	3300	16	0.0065	16
宜宾	11998224	6	5230844	6	12700	4	0.0684	6
广安	7696929	15	2869886	11	6600	12	0.0223	12
达州	10988164	9	4397921	7	11000	7	0.0555	7
雅安	5168134	16	2796859	16	4600	15	0.0067	15
资阳	7875314	11	3338209	10	8300	10	0.0327	11

表4-14报告了成渝地区双城经济圈2019年各城市的金融规模得分和排序情况。从存贷款规模角度比较，2019年成都的年末金融机构存款余额排名第一，而重庆的年末金融机构贷款余额再次超过成都，排名第一，成渝两市在存贷款规模方面稳居前两位；排名第3~5位的城市依然为绵阳、南充和宜宾，遂宁、资阳和雅安的金融机构存贷款规模较为靠后。从金融从业人员规模角度比较，重庆和成都的金融从业人员规模排名也稳居前两位，宜宾、眉山和达州等城市次之，雅安、内江和遂宁的金融从业人员规模最小。从各城市在2019年金融规模的综合得分和排序可以看出，重庆和成都的金融规模远大于其他城市而稳居前两位，宜宾、南充和绵阳等城市相对其他城市而言有一定规模优势，而金融规模较小的城市为内江、遂宁和雅安等城市。整体而言，成渝地区各城市金融规模及其在城市群内的排序与2011年相比发生了较大的变化。

表 4-14 2019 年成渝地区双城经济圈各城市金融规模得分和排序

	存贷款规模				从业人员规模		金融规模综合得分	
	存款余额（万元）	排序	贷款余额（万元）	排序	金融从业人员（人）	排序	标准化得分	排序
重庆	379531111	2	362332030	1	206355	1	0.9943	1
成都	385928394	1	351313924	2	121544	2	0.8510	2
自贡	20684825	11	11984308	11	14153	8	0.0309	11
泸州	28028202	8	20010868	5	13426	9	0.0438	7
德阳	29117928	7	16500880	9	11494	11	0.0383	9
绵阳	44577971	3	24761790	3	8789	13	0.0555	5
遂宁	16505141	14	11719567	12	2439	16	0.0078	15
内江	17990735	13	10207000	13	6100	15	0.0137	14
乐山	24778645	9	17263576	7	9699	12	0.0322	10
南充	35407269	4	22686143	4	16392	6	0.0578	4
眉山	23229533	10	12571908	10	19885	4	0.0431	8
宜宾	33668028	5	19716891	6	20133	3	0.0595	3
广安	18682946	12	9302287	14	11667	10	0.0225	12
达州	31871620	6	17131615	8	17627	5	0.0514	6
雅安	12064909	16	7647915	16	6438	14	0.0065	16
资阳	14694121	15	8176179	15	14286	7	0.0222	13

从表 4-12、表 4-13 和表 4-14 所报告的成渝地区双城经济圈各城市近年来的金融规模变化情况可以看出：2003~2019 年，成渝地区双城经济圈各城市的年末金融机构存贷款余额都出现了稳步的增加，而各城市的金融从业人员规模也出现了不同程度的增长，但是有个别城市由于整体人口规模的下降，其金融从业人员的规模出现了明显的下降，除了排名前两位的重庆和成都两市，其他城市的金融规模排序在 2003~2019 年出现了频繁的变化，城市之间金融规模的竞争较为激烈，也有个别城市的整体金融规模出现了下降。

（三）金融密度

为了观察成渝地区双城经济圈各城市 2003~2019 年的金融密度变化情况，

本章我们从人均发展水平、金融活动密度和金融活跃度的角度选取了人均年末金融机构存贷款余额、地均年末金融机构存贷款余额和存贷款余额占地区生产总值的比例三个指标来测算各城市金融密度的得分和排序。表 4 - 15 报告了 2003 年成渝地区各城市金融密度得分和排序情况。从人均金融机构存贷款余额角度比较，2003 年时成都人均年末金融机构存贷款余额排名第一，重庆排名第二位，绵阳、德阳和乐山等城市排名第 3 ~ 5 位，广安、达州和资阳等城市的人均存贷款规模较小，排名靠后；从金融活动密度指标来比较，成都每平方公里土地上的金融机构存贷款余额最大，金融活动密度方面排名第一，而排名第二的城市为德阳，重庆的金融活动密度仅排名第三，其次为自贡、内江和遂宁，泸州、达州和雅安等城市排名靠后；从金融活跃度来看，成都存贷款余额占地区生产总值的比例最大，其次为重庆，南充、乐山和绵阳等城市排名次之，自贡、宜宾和资阳等市的金融活跃度相对较低，排名靠后。从表 4 - 15 最后一列报告的各城市在 2003 年的金融密度综合得分来看，整体而言，成都的金融密度最高，重庆排名第二，乐山、绵阳和南充等城市次之，而眉山、达州和资阳等城市的金融密度最小。与金融背景和金融规模指标相比，其他城市与成渝两市在金融密度方面的差距相对较小。

表 4 - 15 2003 年成渝地区双城经济圈各城市金融密度得分和排序

	人均发展水平		金融活动密度		金融活跃度		金融密度综合得分	
	存贷款余额/总人口	排序	存贷款余额/土地面积	排序	存贷款余额/GDP	排序	标准化得分	排序
重庆	19850.55	2	754.03	3	2.7608	2	0.4022	2
成都	55814.17	1	4792.18	1	3.1156	1	1	1
自贡	10009.05	7	721.67	4	1.5562	14	0.0957	10
泸州	8476.49	9	323.96	14	1.8335	7	0.1121	8
德阳	14857.93	3	949.74	2	1.5912	13	0.1512	6
绵阳	14447.95	4	375.73	10	1.9218	5	0.1730	4
遂宁	7163.54	13	506.63	6	1.6947	9	0.0889	12
内江	8047.37	11	629.40	5	1.6923	10	0.1031	9
乐山	12669.02	5	343.38	12	2.0431	4	0.1829	3
南充	7328.85	12	421.52	8	2.1013	3	0.1645	5

续表

	人均发展水平		金融活动密度		金融活跃度		金融密度综合得分	
	存贷款余额/总人口	排序	存贷款余额/土地面积	排序	存贷款余额/GDP	排序	标准化得分	排序
眉山	8264.81	10	391.80	9	1.6176	12	0.0728	13
宜宾	8545.20	8	331.32	13	1.5122	15	0.0494	15
广安	6822.18	14	482.34	7	1.7352	8	0.0929	11
达州	6791.84	15	257.27	15	1.6730	11	0.0643	14
雅安	12281.59	6	121.33	16	1.8745	6	0.1311	7
资阳	5716.68	16	350.07	11	1.4334	16	0.0163	16

表4-16报告了成渝地区双城经济圈2011年各城市的金融密度情况。从人均金融发展水平角度来看，2011年成都人均年末金融机构存贷款余额继续保持了明显的领先地位，重庆排名第二位，德阳、绵阳和雅安城市排名第3~5位，广安、达州和资阳等几个城市的人均存贷款规模依然排名靠后；从金融活动密度来看，2011年各城市的排序并没有发生明显变动，成都地均金融机构存贷款余额稳居第一，德阳排名第二，重庆依然排名第三，其次为自贡、内江和遂宁等城市，泸州、达州和雅安则排名靠后；从金融活跃度来看，成都金融机构存贷款余额占地区生产总值的比例最大，重庆排名第二位，绵阳、雅安和德阳等城市排名次之，资阳、内江和自贡的金融活跃度相对较低，排名靠后。从表4-16最后一列测算的各城市在2011年金融密度综合得分来看，成都的金融密度远高于其他城市，重庆排名第二，绵阳、德阳和雅安等城市次之，而达州、资阳和内江等城市的金融密度最小。

表4-16　2011年成渝地区双城经济圈各城市金融密度得分和排序

	人均发展水平		金融活动密度		金融活跃度		金融密度综合得分	
	存贷款余额/总人口	排序	存贷款余额/土地面积	排序	存贷款余额/GDP	排序	标准化得分	排序
重庆	86594.39	2	3481.17	3	2.8801	2	0.2964	2
成都	265321.69	1	25463.96	1	4.5028	1	1	1
自贡	29964.29	10	2241.84	4	1.2560	15	0.0373	13

续表

	人均发展水平		金融活动密度		金融活跃度		金融密度综合得分	
	存贷款余额/总人口	排序	存贷款余额/土地面积	排序	存贷款余额/GDP	排序	标准化得分	排序
泸州	29986.75	9	1233.51	14	1.6743	8	0.0663	9
德阳	57052.71	3	3769.09	2	1.9587	5	0.1662	4
绵阳	53397.79	4	1430.29	10	2.4402	3	0.1788	3
遂宁	24963.20	11	1794.07	6	1.5834	11	0.0577	11
内江	24426.66	13	1932.81	5	1.2178	16	0.0217	16
乐山	48765.39	6	1347.45	12	1.8825	6	0.1147	6
南充	24887.40	12	1508.12	9	1.8281	7	0.0786	7
眉山	31530.03	8	1539.21	8	1.6427	9	0.0693	8
宜宾	31735.25	7	1298.25	13	1.5789	12	0.0599	10
广安	22554.57	14	1665.64	7	1.6013	10	0.0545	12
达州	22276.08	15	927.99	15	1.5206	13	0.0361	14
雅安	51123.18	5	529.38	16	2.2749	4	0.1469	5
资阳	22253.47	16	1408.38	11	1.3406	14	0.0242	15

表 4－17 报告了成渝地区双城经济圈 2019 年各城市的金融密度得分和排序情况。从人均金融发展水平角度来看，2019 年成都人均年末金融机构存贷款余额依然排名第一，重庆排名第二位，绵阳、雅安和乐山城市排名第 3～5 位，内江、资阳和广安等城市的人均存贷款规模较为靠后；从金融活动密度方面比较，2019 年成都地均金融机构存贷款余额依然排名第一，重庆的排名由第三位上升到了第二位，第三位为德阳，其次为自贡、遂宁和内江等城市，乐山、达州和雅安等城市排名靠后；从金融活跃度来看，成都和重庆的存贷款余额占地区生产总值的比例分列前两位，资阳、雅安和眉山等城市的金融活跃度排名次之，宜宾、内江和德阳等城市的金融活跃度相对较低。从成渝地区各城市在 2019 年金融密度的综合得分和排序来看，成都在金融密度方面优势明显，重庆排名第二，资阳、雅安和眉山等城市次之，而遂宁、宜宾和内江等城市的金融密度较小。

表 4－17　2019 年成渝地区双城经济圈各城市金融密度得分和排序

	人均发展水平		金融活动密度		金融活跃度		金融密度综合得分	
	存贷款余额/总人口	排序	存贷款余额/土地面积	排序	存贷款余额/GDP	排序	标准化得分	排序
重庆	217173.05	2	9002.97	2	3.1427	2	0.3387	2
成都	491494.88	1	51429.53	1	4.3334	1	1	1
自贡	102091.04	8	7457.00	4	2.2878	10	0.1196	7
泸州	94379.31	10	3927.33	12	2.3085	9	0.0931	10
德阳	118798.98	6	7717.61	3	1.9529	16	0.0874	11
绵阳	130583.35	3	3424.52	13	2.4279	7	0.1345	6
遂宁	77968.81	12	5303.40	5	2.0969	13	0.0599	14
内江	69112.10	14	5235.38	6	1.9677	15	0.0345	16
乐山	120120.63	5	3304.43	14	2.2567	11	0.1016	9
南充	80239.52	11	4655.29	8	2.5019	6	0.1140	8
眉山	104682.58	7	5014.21	7	2.5943	5	0.1483	5
宜宾	96711.81	9	4022.67	10	2.0517	14	0.0596	15
广安	60970.01	16	4418.95	9	2.2388	12	0.0607	13
达州	74359.99	13	2954.32	15	2.3998	8	0.0839	12
雅安	128841.99	4	1310.17	16	2.7228	4	0.1604	4
资阳	66872.22	15	3979.52	11	2.9396	3	0.1605	3

从表 4－15、表 4－16 和表 4－17 所报告的成渝地区双城经济圈各城市的金融密度的变化情况可以看出：从 2003～2019 年，成渝地区双城经济圈各城市的人均金融发展水平和金融活跃度整体上均出现了不同程度的提升，但是从城市间的排序比较来看，城市间排名在最近的十几年时间里波动很大，除了成都和重庆以外，成渝地区双城经济圈中其他城市在城市金融密度方面各有优势也各有短板，相当多的城市在一些指标上排名靠前的同时，在另一类指标上却排名明显靠后，并没有哪些城市能体现出较强的整体性和持续的优势；相对而言，从 2003～2019 年，成渝地区双城经济圈各城市在以地均存贷款余额为代表的金融活动密度指标上的排序较为稳定，最近十多年的变化较小，其他指标上的排序变化则比较频繁。

（四）金融集聚

为了分析成渝地区双城经济圈各城市2003～2019年的金融集聚程度变化情况，本章从金融集中度角度选取了各城市年末金融机构存贷余额占全区域金融机构存贷款余额的比重和金融机构从业人员占全区域金融机构从业人员的比重两个指标来对各城市的金融集聚程度进行测算。表4－18报告了成渝地区双城经济圈2003年各城市的金融集聚程度情况。从各城市年末金融机构存贷余额占全区域金融机构存贷款余额的比重和金融机构从业人员占全区域金融机构从业人员的比重这两个代表地区金融集中度的指标来看，成渝地区双城经济圈各城市在这两个指标上的表现是大体一致的：2003年重庆和成都存贷款余额占全区域存贷款余额的比例最高，两个城市集中了成渝城市群78%以上的存贷款规模和51%以上的金融从业人员，而其他城市的存贷款规模和金融从业人员规模与成渝两市存在较大的差距，尤其是排名靠后的遂宁、眉山、资阳和雅安等城市。从表4－18最后一列测算的各城市在2003年的金融集聚程度综合得分来看，成渝地区双城经济圈内的大部分金融资源都集中在重庆和成都两市，而其他城市所拥有的金融资源是相对匮乏的。

表4－18　2003年成渝地区双城经济圈各城市金融集聚得分和排序

	存贷款集中度		从业人员集中度		金融集聚综合得分	
	存贷款余额/全区域存贷款总额	排序	金融机构就业人员/全区域金融机构就业人员	排序	标准化得分	排序
重庆	0.3535	1	0.3232	1	1	1
成都	0.3316	2	0.1897	2	0.7502	2
自贡	0.0180	11	0.0305	11	0.0331	11
泸州	0.0226	9	0.0399	9	0.0551	8
德阳	0.0322	4	0.0483	4	0.0828	4
绵阳	0.0434	3	0.0512	3	0.1039	3
遂宁	0.0153	15	0.0222	14	0.0156	14
内江	0.0193	10	0.0409	8	0.0519	9

续表

	存贷款集中度		从业人员集中度		金融集聚综合得分	
	存贷款余额/全区域存贷款总额	排序	金融机构就业人员/全区域金融机构就业人员	排序	标准化得分	排序
乐山	0.0251	6	0.0310	10	0.0443	10
南充	0.0299	5	0.0433	6	0.0715	5
眉山	0.0160	13	0.0202	15	0.0134	15
宜宾	0.0250	7	0.0463	5	0.0691	6
广安	0.0174	12	0.0261	13	0.0251	12
达州	0.0243	8	0.0433	6	0.0632	7
雅安	0.0107	16	0.0167	16	0	16
资阳	0.0159	14	0.0271	12	0.0244	13

表4－19报告了成渝地区双城经济圈2011年各城市的金融集聚程度。从各城市年末金融机构存贷余额占全区域金融机构存贷款余额的比重来看，2011年成都的年末金融机构存贷款余额集中度超过了重庆，排名第一，重庆排名第二，两个城市集中了成渝地区74%以上的存贷款资源，第3～5位的城市依然为绵阳、德阳和南充，而自贡、遂宁和雅安等城市的金融机构存贷款集中度较小；从金融机构从业人员占全区域金融机构从业人员的比重来看，重庆和成都排名前两位，两市集中了成渝地区49.6%的金融从业人员，遂宁、雅安和眉山等城市的金融从业人员集中度最低。从各城市在2011年金融集聚程度的综合得分和排序来看，重庆和成都依然集中了成渝地区双城经济圈内的大部分金融资源，但是与2003年相比，其集中度有一定程度的下降。

表4－19　2011年成渝地区双城经济圈各城市金融集聚得分和排序

	存贷款集中度		从业人员集中度		金融集聚综合得分	
	存贷款余额/全区域存贷款总额	排序	金融机构就业人员/全区域金融机构就业人员	排序	标准化得分	排序
重庆	0.3592	2	0.2691	1	0.9662	1
成都	0.3845	1	0.2273	2	0.9185	2

续表

	存贷款集中度		从业人员集中度		金融集聚综合得分	
	存贷款余额/全区域存贷款总额	排序	金融机构就业人员/全区域金融机构就业人员	排序	标准化得分	排序
自贡	0.0122	14	0.0397	8	0.0551	9
泸州	0.0188	9	0.0358	9	0.0561	8
德阳	0.0278	4	0.0457	5	0.0875	6
绵阳	0.0362	3	0.0453	6	0.0979	4
遂宁	0.0119	15	0.0215	14	0.0189	14
内江	0.0130	13	0.0246	13	0.0266	13
乐山	0.0215	6	0.0294	11	0.0473	10
南充	0.0234	5	0.0767	3	0.1423	3
眉山	0.0138	11	0.0131	16	0.0051	16
宜宾	0.0215	7	0.0505	4	0.0884	5
广安	0.0132	12	0.0262	12	0.0299	12
达州	0.0192	8	0.0437	7	0.0721	7
雅安	0.0099	16	0.0183	15	0.0101	15
资阳	0.0140	10	0.0330	10	0.0442	11

表4－20报告了成渝地区双城经济圈2019年各城市的金融集聚程度。从各城市的存贷款集中度来看，2019年重庆的年末金融机构存贷款余额集中度排名第一，成都排名第二，两个城市集中了全区域72%以上的存贷款资源，第3～5位的城市依然为绵阳、南充和宜宾，广安、资阳和雅安等城市的金融机构存贷款集中度排名靠后；从金融从业人员集中度来看，重庆和成都排名前两位，两市集中了成渝城市群65%以上的金融从业人员，雅安、内江和遂宁等城市的金融从业人员集中度最低。从各城市2019年在金融集聚程度上的综合得分来看，重庆和成都对成渝地区双城经济圈金融资源的集聚能力最强，与2011年相比，成渝双核的存贷款集中度进一步下降，金融从业人员的集中度出现了较大幅度的上升。

表 4-20　2019 年成渝地区双城经济圈各城市金融集聚得分和排序

	存贷款集中度		从业人员集中度		金融集聚综合得分	
	存贷款余额/全区域存贷款总额	排序	金融机构就业人员/全区域金融机构就业人员	排序	标准化得分	排序
重庆	0.3636	1	0.4124	1	1	1
成都	0.3614	2	0.2429	2	0.7888	2
自贡	0.0160	11	0.0283	8	0.0377	10
泸州	0.0235	7	0.0268	9	0.0466	8
德阳	0.0224	8	0.0230	11	0.0401	9
绵阳	0.0340	3	0.0176	13	0.0499	7
遂宁	0.01383	12	0.0049	16	0.0059	16
内江	0.01382	13	0.0122	15	0.0149	14
乐山	0.0206	9	0.0194	12	0.0333	11
南充	0.0285	4	0.0328	6	0.0608	4
眉山	0.0175	10	0.0397	4	0.0539	6
宜宾	0.0262	5	0.0402	3	0.0667	3
广安	0.0137	14	0.0233	10	0.0284	13
达州	0.0240	6	0.0352	5	0.0575	5
雅安	0.0097	16	0.0129	14	0.0098	15
资阳	0.0112	15	0.0285	7	0.0312	12

从表 4-18、表 4-19 和表 4-20 所报告的成渝地区双城经济圈各城市金融集聚程度的变化可以看出：成渝地区双城经济圈的大部分金融资源均集中在重庆和成都两市，其他城市的金融资源相对较为匮乏；同时，从 2003～2019 年，成渝地区双城经济圈的存贷款集中度在逐渐下降，但金融从业人员集中度出现了较为明显的上升。

（五）成渝地区双城经济圈各城市整体金融发展状况分析

为了对成渝地区双城经济圈各城市近年来的整体金融发展状况进行对比分析，我们按照相同权重将各城市在四个一级指标上的整体表现进行排序，得到各城市的金融发展状况排序见表 4 – 21 所示。从成渝地区各城市金融发展整体情况得分和排序可以看出，从 2003 ~ 2019 年，成都的金融发展状况一直稳居第一，金融基础最好；而重庆的金融发展情况仅次于成都位居第二位，成渝两市集中了城市群大部分的金融资源；除了成渝双核以外，其他城市的金融发展排序多有更迭，但总体而言，绵阳、德阳、南充、宜宾和乐山等城市的金融发展状况相对较好；而遂宁、内江和资阳等城市的金融发展状况则相对落后。同时，从各个城市在不同指标上的表现来看，除了成都和重庆在各个指标上全面领先以外，其他城市均各有优势和劣势，金融整体发展状况较好的城市也存在部分指标上的短板，而金融发展基础较为薄弱的城市也在一些指标上表现出了优势，这是未来成渝地区双城经济圈金融资源分布和城市发展规划方面需要注意的一个特点。

表 4 – 21　成渝地区双城经济圈各城市金融发展综合得分和排序

	2003 年		2011 年		2019 年	
	金融发展得分	排序	金融发展得分	排序	金融发展得分	排序
重庆	0.7939	2	0.7679	2	0.8015	2
成都	0.8174	1	0.8819	1	0.8370	1
自贡	0.0649	11	0.0737	8	0.0745	10
泸州	0.0742	8	0.0684	9	0.0796	9
德阳	0.1275	4	0.1337	3	0.0932	5
绵阳	0.1401	3	0.1326	4	0.1092	3
遂宁	0.0428	15	0.0364	16	0.0388	15
内江	0.0686	9	0.0457	14	0.0337	16
乐山	0.0936	6	0.0919	6	0.0809	8
南充	0.0971	5	0.1033	5	0.0844	7
眉山	0.0429	14	0.0447	15	0.0860	6
宜宾	0.0750	7	0.0914	7	0.0934	4
广安	0.0496	13	0.0484	13	0.0463	14
达州	0.0684	10	0.0661	10	0.0712	11
雅安	0.0508	12	0.0583	11	0.0626	12
资阳	0.0318	16	0.0555	12	0.0585	13

（六）成渝地区双城经济圈普惠金融发展指数

近年来，在数字信息技术的应用和包容性增长理念不断发展的背景下，数字普惠金融服务发展越来越成为衡量一个国家或者地区金融发展水平的重要指标。一般认为，数字普惠金融本质上是运用数字化手段发展普惠金融，其内核在于普惠金融，外在方式表现为数字信息技术的应用。对于普惠金融，联合国将其界定为通过对基础设施的完善，在控制成本在可负担范围内，把金融服务扩展到欠发达地区和社会低收入人群，提供价格合理且具有便利性的金融服务，让金融服务可获得性惠及更多人群（唐亚晖和刘吉舫，2019）。对于数字金融，中国人民银行等部委将其定义为是传统金融机构与互联网企业利用互联网技术和信息通信技术，实现资金的流动、支付、投资和信息中介服务的一种新型金融业务模式（黄益平，2017）。在此基础上，数字普惠金融可以泛指一切通过使用数字金融服务以促进普惠金融的行动（胡滨，2016），是以各类数字技术为支撑对传统金融业务升级，或者创新金融产品服务形式，进而形成的新型普惠金融发展业态（星焱，2021）。对于数字普惠金融的外延，北京大学数字金融研究中心课题组（2021）在构建数字普惠金融指标体系时，将数字普惠金融分为数字普惠金融覆盖广度、使用深度和数字化程度这 3 个外延维度。可见，数字普惠金融是以数字信息技术为手段，以提高金融服务覆盖面和可得性为目的，致力于把金融服务惠及欠发达地区和社会中低收入群体的一种新型金融发展业态。

本章我们采用北京大学数字金融研究中心发布的《北京大学数字普惠金融指数（2011～2020）》中的各城市数字普惠金融指数数据进行研究。北京大学数字普惠金融指标体系涵盖覆盖广度、使用深度、数字化程度 3 个二级指标，以及包括支付使用、贷基使用、信贷使用、保险使用、投资使用、信用使用、移动化、实惠化、信用化和便利化在内的 10 个三级指标，和 33 个具体指标。此部分我们采用 2011～2020 年地级市级层面的数据，对成渝地区双城经济圈 16 个地级及以上城市的数字普惠金融发展情况进行分析和比较。

图 4－4 是我们根据成渝地区双城经济圈 16 个地级及以上城市 2011～2020

年数字普惠金融指数绘制的数字金融指数时间趋势图。从图4－4可以看出，成渝地区的16个城市从2011～2020年的数字普惠金融指数整体上均呈现出明显的上升趋势，2011年成渝地区数字普惠金融指数最低的达州得分仅为35.08，而2020年数字普惠金融指数最低的资阳的得分达到了229.38，2020年的普惠金融发展均相比2011年提升了6倍以上，呈现迅猛的发展态势。从2011～2020年，成渝地区数字普惠金融指数始终排名前列的城市分别是成都、重庆、绵阳、德阳和乐山5个城市，其他城市的数字普惠金融发展情况较为接近，不同城市之间的差距相对较小，这也符合数字普惠金融发展的基本特点。

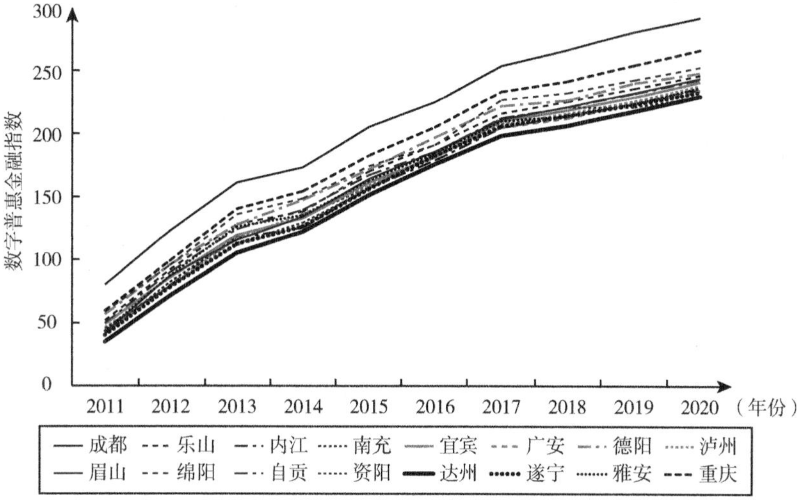

图4－4　成渝地区双城经济圈各城市数字金融指数发展趋势

为了更好地对比成渝地区双城经济圈各城市数字普惠金融发展指数的变化情况，我们分别以2011年、2015年和2020年为节点，观察成渝地区双城经济圈16个城市的数字普惠金融指数的得分和排序情况（见表4－22）。从2011年成渝地区各城市的数字普惠金融发展情况可以看出，2011年成渝地区数字普惠金融发展最好的是成都，其数字普惠金融指数远高于成渝地区的其他城市；重庆排名第二位，绵阳、德阳和乐山排名第3～5位，第2位到第5位之间的数字普惠金融指数差距较小；南充、遂宁和达州的数字普惠金融指标得分排名相对靠后。2015年，成都的数字普惠金融指数依然高于成渝地区其他城市，重庆、绵阳、德阳和乐山依然排名第2～5位；而排名靠后的城市为资阳、遂宁和达州；与2011年比较，数字普惠金融发展较快的是眉山，从2011年的第13位攀升至第7位，而资阳的排名下降较为明显，从2011年的第9位下降到第14位。2020年，成都、重庆、绵阳、德阳和乐山的数字普惠金融发展指数均有明显的提升，依次排名第1~5位，遂宁、达州和资阳的排序依然较为靠后；眉山数字普惠金融指标得分保持了较为迅速的发展，排名进一步上升到了第6位，而资阳的数字普惠金融指数排名进一步下降，排名成渝地区最后一位。可见，从数字普惠金融发展情况来看，成渝地区双城经济圈16个城市中表现最好的是成都，其次为重庆、绵阳、德阳和乐山等城市，资阳、达州和遂宁等城市的发展相对滞后。整体来看，城市之间数字普惠金融发展水平的差距较小。

表4-22 成渝地区双城经济圈各城市普惠金融发展指数得分和排序

	2011年		2015年		2020年	
	得分	排序	得分	排序	得分	排序
重庆	59.7	2	182.68	2	266.59	2
成都	80.2	1	205.3	1	292.2	1
乐山	51.97	5	170.1	5	246.43	5
内江	43.11	11	156.69	13	235.26	12
南充	41.19	14	157.63	11	236.1	11
宜宾	49.03	7	161.3	9	241.2	8
广安	42.46	12	157.61	12	234.32	13
德阳	56.7	4	171.69	4	248.4	4
泸州	46.31	8	158.78	10	238.42	9
眉山	42.09	13	164.06	7	244.01	6
绵阳	58.66	3	174.21	3	252.85	3
自贡	49.94	6	167.16	6	243.18	7
资阳	45.44	9	156.38	14	229.38	16
达州	35.08	16	151.32	16	229.79	15
遂宁	40.37	15	156.25	15	233.14	14
雅安	43.68	10	162.82	8	236.95	10

第五章

成渝地区双城经济圈金融集聚对城市规模的影响实证研究

第四章我们采用成渝城市群城市规模和金融发展方面的历史数据，以成渝地区双城经济圈 16 个地级市及以上城市为对象，分别对成渝城市群的整体城市层级体系、各城市的规模分布和城市金融资源分布的现状和演变趋势进行了定量观察，发现不论是在城市规模分布方面，还是在金融资源的分布方面，成渝地区双城经济圈均存在着明显的“双核独大，中部塌陷”的现象。那么，在成渝地区双城经济圈一体化建设迈入关键阶段和成渝共建西部金融中心的背景下，成渝地区双城经济圈的金融资源分布与其城市规模有何联系，金融资源的集聚会对成渝地区的城市规模分布产生什么样的影响？本章我们将继续利用成渝地区双城经济圈 16 个地级市及以上城市的数据，观察金融集聚对成渝地区城市规模分布的影响，并对金融集聚影响成渝地区城市规模的机制进行进一步探讨。

一、金融集聚与城市规模相关研究综述

学者们研究发现，伴随着经济全球化和信息技术日新月异的发展，从 20 世纪 80 年代开始，金融资源在区域和国家之间的流动速度正在加快，呈现出明显的金融活动、金融机构和金融资源等向中心城市集中的趋势（Reed，1981；Nogueira，2015）。对于金融资源向中心城市加速集聚的趋势，在从外部

规模经济、不对称信息理论、信息腹地论、产业集聚和消息冲击等多个角度对金融集聚的过程和成因进行描述和解释的基础上（Kindleberger，1974；Porteous，1995；Zhao，2003；黄解宇和杨再斌，2006；车欣薇等，2012；王宇等，2015），近年的部分研究将研究视野延伸到了金融集聚对区域经济增长、居民收入、城市劳动生产率等诸多因素的影响方面；李林等（2011）利用空间计量模型对中国省级行政区域金融业集聚的区域经济增长溢出效应进行了研究，发现各省市的金融集聚呈现出一定的空间相关性，但是金融集聚的空间辐射能力有限，行政区划很大程度上制约了金融集聚辐射作用的发挥；程德智和王满仓（2021）基于黄河流域9个省份的101个城市的数据探讨了金融集聚对区域高质量发展的影响，实证结果发现，金融集聚对区域高质量发展具有显著正向影响，但金融资源的集聚加大了城乡差距，不利于区域协调发展；钱晶晶等（2021）则从中介效应角度探讨了金融集聚影响区域经济高质量发展的机制，发现金融集聚能够通过促进技术创新而对经济发展质量产生积极影响，而政府干预能够对金融集聚的经济增长效应产生正向的调节作用；刘洋和颜华（2021）以河南省的面板数据建立门限和分位数回归模型，关注了县域金融集聚对农民收入的可能影响；黄大为（2021）则以长三角城市群26个地级市及以上城市为研究对象，实证探索了金融发展对城市全要素生产率的影响，发现城市金融发展对其全要素生产率存在正向影响。

金融集聚不仅会影响城市自身的经济增长和城市生产效率，也会通过资金融通和资本运作促进资源在区域内的合理配置，进而影响单个城市其在区域城市体系中的功能和地位，近年来有越来越多的研究关注了金融集聚和城市规模之间可能存在的联系。茹乐峰等（2014）对我国城市的研究发现，金融集聚与城市规模存在很强的相关性，200万人以上的特大城市是金融活动的主要集聚地，而各省区的金融集聚中心一般为其省会城市及其副中心城市；覃剑（2016）对金融等级体系和城市等级体系的形成机理和内在特征进行了分析，发现金融资源有着沿城市等级体系扩散的流动趋势；王如玉等（2019）分析了金融层级结构的形成因素及其与城市层级体系的关系，发现中国金融空间结构与城市层级基本吻合，城市规模越大，所处等级越高，则所能够集聚的金融资源越多，而城市等级的提升能够显著提高金融集聚度，提升金融中心的等级。

从前文对现有文献的梳理可以看出，随着新世纪以来金融活动的全球化、金融机构的密集化和金融资源的累积化等现象愈发明显，近年来金融集聚对经济社会发展的可能影响受到了越来越多的关注，也开始有研究关注金融集聚与城市规模层级分布的问题，也取得了很有意义的发现。然而，现有关于金融集聚与城市规模层级的研究还较为零散，并没有专门的系统性研究，也存在以下三个方面有待进一步深入：第一，现有关于城市规模和金融集聚问题的研究，虽然肯定了两者之间的密切相关性，但是关于金融资源分布对城市规模和分布的影响研究还比较有限；第二，现有研究多以整个国家的整体城市规模分布为对象，对金融资源在某个城市群中所起到的作用尚缺乏足够的探讨；第三，随着成渝地区双城经济圈建设和成渝共建西部金融中心建设的不断推进，以成渝地区双城经济圈建设等国家重大区域发展战略密切结合，探讨金融资源分布与城市群发展之间关系的研究依然较为有限。

有鉴于此，本章中我们以成渝地区双城经济圈范围内的 16 个地级市及以上城市为对象，选取各城市 2000～2019 年的城市规模、金融集聚和城市发展等多方面的宏观数据建立固定效应、随机效应和系统 GMM 等面板数据模型，探讨成渝地区双城经济圈金融资源分布对城市规模的影响，并对其可能的影响机制进行实证探讨。

二、数据选取与模型设定说明

（一）数据样本的选取说明

本章所选取的成渝地区双城经济圈城市数据包括重庆、成都、自贡、泸州、德阳、绵阳、遂宁、内江、乐山、南充、眉山、宜宾、广安、达州、雅安、资阳 16 个地级市及以上城市，虽然根据《成渝地区双城经济圈建设规划》上述城市中的个别县级行政区域并没有包含在成渝地区双城经济圈的规划范围中，但限于数据可得性，与现有大部分研究一样，本章实证研究以上述城市的全部市辖区范围作为研究对象。本章所使用的城市规模、金融发展和城市经济社会发展等方面的数据均来源于相应年份的《中国城市统计年鉴》，对于个别指标在部分年份中的缺失值，我们根据《重庆统计年鉴》《四川统计年鉴》和相关城市的统计公报对大部分缺失值进行了补充，并对其他无法补充的缺失数据采用了均值插补和线性回归插补法进行了处理①。

（二）变量选取说明

本章被解释变量为城市规模变量，根据现有研究的思路，我们采用各城市年末人口的对数来表示；本章核心解释变量为金融集聚度变量，按照现有研究的思路，我们一方面采用各城市金融机构就业人员占成渝地区双城经济圈各城市金融就业总人数的比例来度量各城市的金融集聚程度进行基准回归；另一方面，本章利用各城市金融机构存贷款余额占成渝地区双城经济圈各城市金融机构存贷款总额的比例来进行稳健性检验；同时，我们还控制了地区生产总值对数、GDP 增长率、每万人教育从业人员、每万人公共管理从业人员、每万人床位数、城镇登记失业率、在岗职工平均工资、时间固定效应和地区固定效应等变量，详细的变量选取说明及描述性统计见表 5 - 1。

表 5 - 1　　主要变量选取说明和描述性统计

变量名	变量选取说明	样本量	均值	标准差	最小值	最大值
城市规模	城市年末总人口对数	320	6.23	0.641	5.0094	8.1362
金融集聚水平	城市金融从业人员数/城市群金融从业人员总数	320	0.0625	0.0879	0.0049	0.4197
平均工资	在岗职工平均工资（万元）	320	3.34	2.2517	0.6133	9.7519
教育资源	每万人教育从业人员数（人/万人）	320	92.65	23.22	42.27	214.78
公共管理	每万人公共管理社会保障和社会组织从业人员数（人/万人）	320	77.76	29.52	38.73	190.16

① 对于前后数据完整的缺失值，我们采用其前一期和后一期指标的均值代替缺失值；对于第一期或最后一期的缺失值，由于其前后数据不完整，我们利用时间序列数据进行线性回归，对缺失年份进行了预测。

续表

变量名	变量选取说明	样本量	均值	标准差	最小值	最大值
医疗服务	每万人医院、卫生院床位数（张/万人）	320	32.62	16.03	10.77	92.01
失业率	城镇登记失业率（%）	320	4.21	2.04	0.1897	12.81
经济发展水平	地区生产总值对数	320	15.83	1.14	13.51	19.28
经济增长率	GDP 增长率（%）	320	11.50	3.27	0.7	20.1

（三）基准模型设定

根据现有研究的模型设定和本研究的数据特点，我们建立如下面板数据模型：

$$csgm_{it} = \alpha + \beta_1 jrjj_{it} + \beta_2 gz_{it} + \beta_3 jy_{it} + \beta_4 gl_{it} + \beta_5 cws_{it} + \beta_6 syl_{it} + \beta_7 gdpp_{it} + \beta_7 gdpzj_{it} + \gamma_t + u_i + \varepsilon_{it} \tag{5-1}$$

其中，$csgm_{it}$代表城市规模，用各城市年末总人口的对数来表示，$jrjj_{it}$代表各城市的金融集聚水平；gz_{it}代表在岗职工平均工资；jy_{it}表示各城市的教育服务水平，用每万人教育从业人员数来表示；gl_{it}表示各城市的公共管理服务资源，本研究用每万人公共管理和社会保障从业人员数量来表示；cws_{it}代表了各城市的医疗服务资源，本研究用每万人床位数来表示；syl_{it}表示城镇登记失业率；$gdpp_{it}$代表地区生产总值的对数值；$gdpzj_{it}$代表地区生产总值增长率；γ_t 表示时间固定效应，在本研究的面板数据模型中，我们采用年度虚拟变量来对时间固定效应进行控制；u_i 为个体固定效应，ε_{it} 为随机误差项。本节基准模型中我们最关心的是金融集聚水平对城市规模影响的系数估计值 β_1 。

三、实证模型回归结果

为了观察成渝地区双城经济圈金融集聚对城市规模的影响，本章选取成渝地区双城经济圈 16 个地级及以上城市 2000～2019 年的宏观数据，以城市规模为被解释变量，金融集聚水平为核心解释变量，同时考虑了各城市的平均工资、教育资源、公共管理、医疗服务、失业率、城市经济发展水平、经济增长率等多个可能影响城市人口规模的解释变量，并以年度虚拟变量来对时间固定效应进行控制，建立了双固定面板数据模型。首先，对于本部分面板数据模型估计方法的选取，我们进行了 Hausman 检验，检验结果如表 5－2 最后一行所示。从可以 Hausman 检验结果看出，其检验值显著拒绝了原假设，这表明为了保证模型的无偏性，此处我们应该采用固定效应模型。当然，为了验证本章结论的稳健性，我们也同时报告了随机效应的估计结果，采用两种方法对本研究基准模型进行估计的结果见表 5－2。其次，从表 5－2 报告的模型估计结果可以看出，不论是采用固定效应模型，还是采用随机效应模型，成渝地区双城经济圈各城市的金融集聚水平均对其城市规模产生了显著的正向影响，这表明，金融资源越集中的地方，越能够吸引更多的人口，从而形成更大的城市规模。其他解释变量的系数估计值的显著性在固定效应和随机效应模型中也是基本一致：在岗职工平均工资越高、教育资源越好、医疗服务资源越丰富的城市对人口越具有吸引力，从而具有更大的城市规模。

表 5－2 成渝地区双城经济圈城市金融集聚对城市规模的影响回归结果

解释变量	（1）固定效应	（2）随机效应
金融集聚水平	0.3365** （0.1510）	0.6206*** （0.1734）
平均工资	0.0260*** （0.0066）	0.0205*** （0.0078）
教育资源	0.0006** （0.0003）	0.0006 （0.0004）
公共管理	－0.0007* （0.0004）	－0.0014*** （0.0005）
医疗服务	0.0029*** （0.0007）	0.0022*** （0.0008）
失业率	－0.0016 （0.0016）	－0.0009 （0.0019）
经济发展水平	0.2849*** （0.0272）	0.3922*** （0.0276）

续表

解释变量	（1）固定效应	（2）随机效应
经济增长率	-0.0020 (0.0012)	-0.0027* (0.0014)
常数项	1.9683*** (0.3917)	0.4532 (0.3982)
年度虚拟变量	控制	控制
观测值	320	320
F/Wald 统计量	13.18*** (0.0000)	453.14*** (0.0000)
R^2	within = 0.5623 between = 0.7696 overall = 0.7653	within = 0.5412 between = 0.8237 overall = 0.8200
Hausman 检验	216.96*** (0.0000)	

注：***、**、*分别表示估计值在1%、5%和10%的置信水平上显著异于0；括号内为稳健标准误。

四、稳健性检验

本章中我们重点研究的金融集聚水平和城市人口规模两个变量之间有可能存在双向因果问题，例如，一个城市或地区的金融集聚水平会影响城市人口规模，但也可能存在反向的影响，即城市人口规模越大，其金融资源的集中度也会越高，从而导致两个变量间存在双向因果问题。同时，由于数据的可得性所限，本章的实证模型虽然尽可能控制了多方面的城市经济社会发展指标，但依然有可能存在遗漏变量问题，导致模型存在内生性。因此，为了进一步验证本研究结论的稳健性，下面我们分别采用考虑模型内生性的动态面板数据模型和替换核心解释变量的方法，对上文的基准模型的稳健性进行验证。

首先，我们采用动态面板数据模型的设定，在基准模型中引入被解释变量的一阶滞后项作为解释变量，并以其第2~5期滞后值作为工具变量；同时，为了考虑本研究核心解释变量金融集聚水平可能存在的内生性问题，由于成渝地区双城经济圈相关指标数据较为有限导致本书无法从外部找到完全外生的工具变量，因此我们利用动态面板数据模型的特点和优势，以金融集聚水平的第2~5阶滞后值作为金融集聚水平的工具变量，并利用系统广义矩估计方法对模型进行估计，模型估计结果如表5-3模型（1）所示。可以看出，考虑了内生性的动态面板数据模型估计结果中，金融集聚水平对各城市规模的影响依然是显著为正的。

其次，现有研究对城市金融集聚水平的测度方法多用金融从业人员的集中程度，但也有一些研究采用了各城市金融机构存贷款规模的集中程度来衡量其金融集聚水平，因此，此处我们采用成渝地区双城经济圈各城市金融机构存贷款余额占城市群存贷款总余额的比例来代表城市金融集聚水平，并同时控制与式5-1基准模型一致的其他解释变量对模型进行估计，估计结果如表5-3模型（2）所示。从模型（2）估计结果可以看出，替换了核心解释变量以后，金融集聚水平对城市规模的影响依然是显著为正的，这表明表5-2中本研究的基准模型的结论是较为稳健的。

表5-3　　稳健性检验

解释变量	（1）动态面板数据模型	（2）替换解释变量
城市规模（T-1）	0.9086*** （0.0207）	—
金融集聚水平	0.1638** （0.0726）	1.6293*** （0.4179）
平均工资	0.0017 （0.0052）	-0.0186** （0.0077）
教育资源	-0.0001 （0.0002）	0.0019*** （0.0004）
公共管理	-0.0006*** （0.0002）	-0.0026*** （0.0006）
医疗服务	0.0003 （0.0005）	-0.0001 （0.0009）

续表

解释变量	（1）动态面板数据模型	（2）替换解释变量
失业率	0.0022* (0.0012)	0.0039* (0.0023)
经济发展水平	0.0618*** (0.0155)	0.1214*** (0.0277)
经济增长率	-0.0006 (0.0009)	0.0010* (0.0018)
常数项	-0.4373*** (0.3917)	4.2870*** (0.4101)
年度虚拟变量	控制	控制
观测值	304	272
F/Wald 统计量	72151*** (0.0000)	4.93*** (0.0000)

注：***、**、*分别表示估计值在1%、5%和10%的置信水平上显著异于0；括号内为稳健标准误；本表模型（1）采用了系统 GMM 估计，工具变量为城市规模和金融集聚水平的第2~5阶滞后值；模型（2）采用了固定效应模型估计。

五、金融集聚影响成渝地区双城经济圈城市规模的机制

为什么金融要素的分布会对其城市规模产生影响？现有研究认为，与实体经济发展结构相适应的金融安排可以促进产业结构调整优化（周国富等，2020；唐文进等，2019），一个城市金融要素越丰富，越可能促进其产业结构的优化，创造更多的就业机会，从而对人口产生吸引，其城市规模自然越大。为了从实证角度验证金融集聚影响成渝地区双城经济圈城市规模的机制，本章中我们借鉴中介效应的思路（郭晔等，2020），采用逐步回归框架来验证金融要素集聚对城市规模的影响机制，实证结果见表5-4。从表5-2模型（1）以及表5-4模型（1）和模型（2）的估计结果可以看出，成渝地区双城经济圈各城市的金融集聚水平会对其产业结构产生显著的正向影响；同时，成渝地区双城经济圈各城市的产业结构的优化，又会显著地促进其城市规模的提升。

这表明，金融集聚通过优化城市产业结构来提升成渝地区双城经济圈城市规模的影响机制是存在的。

表 5 - 4　　影响机制：金融集聚的产业结构效应

解释变量	（1）产业结构效应	（2）城市规模
产业结构	—	0.0021*** (0.0009)
金融集聚水平	19.9020** (10.0017)	0.2939* (0.1508)
平均工资	-0.5500 (0.4403)	0.02718*** (0.0066)
教育资源	0.0625*** (0.0223)	0.0005** (0.0003)
公共管理	0.0901*** (0.0260)	-0.0009** (0.0004)
医疗服务	-0.0225*** (0.0436)	0.0029*** (0.0007)
失业率	0.0132 (0.1045)	-0.0017 (0.0016)
经济发展水平	-10.3818*** (1.7983)	0.3072*** (0.0285)
经济增长率	0.0083 (0.0012)	-0.0020* (0.0012)
常数项	172.1498*** (25.9422)	1.5994*** (0.4137)
年度虚拟变量	控制	控制
观测值	320	320
F/Wald 统计量	50.39*** (0.0000)	13.13*** (0.0000)

注：***、**、*分别表示估计值在1%、5%和10%的置信水平上显著异于0；括号内为稳健标准误；本表模型（1）的被解释变量为产业结构变量，用各城市第三产业占GDP的比例来表示；模型（2）的被解释变量为城市规模，用城市人口规模的对数来表示；模型（1）和（2）均采用了固定效应模型估计。

六、本章结论与展望

为了探索金融集聚对成渝地区双城经济圈城市规模的影响，本章选取成渝地区双城经济圈16个地级市及以上城市2000~2019年的面板数据，以城市规模为被解释变量、金融集聚水平为核心解释变量，同时考虑了各城市的平均工资、教育资源、公共管理、医疗服务、失业率、城市经济发展水平、经济增长率等多个可能影响城市人口规模的解释变量，并以年度虚拟变量来对时间固定效应进行控制，建立了双固定面板数据模型对其影响和可能的机制进行了考察。本章实证结果表明：不论是采用固定效应模型和随机效应模型，还是采用考虑了内生性问题的动态面板数据模型，成渝地区双城经济圈各城市的金融集聚水平均对其城市规模产生了显著的正向影响，这说明金融资源越集中的地方，越能够吸引更多的人口，从而形成更大的城市规模。同时我们发现：在岗职工平均工资越高、教育资源越好、医疗服务资源越丰富的城市对城市间人口的流动越具有吸引力，从而具有更大的城市规模。通过对金融集聚影响成渝地区双城经济圈城市规模的机制的进一步探索我们发现：金融资源的集聚会通过促进成渝地区双城经济圈各城市产业结构的优化来提升其城市规模。

第六章

成渝城市群次级中心城市潜力分析

为了实现到2035年“建成实力雄厚、特色鲜明的双城经济圈，重庆、成都进入现代化国际都市行列，大中小城市协同发展的城镇体系更加完善”的远景目标，《成渝地区双城经济圈建设规划纲要》（以下简称《规划纲要》）中多处强调了优化成渝地区双城经济圈协同发展格局的问题，并明确提出将绵阳和乐山打造成为成都平原区域中心城市，将南充和达州建设成为川东北区域中心城市，将宜宾和泸州建设成为川南区域中心城市，建设黔江为渝东南区域中心城市，将万州建设成为渝东北区域中心城市的规划思路。可见，《规划纲要》中所确立的8个区域性中心城市的发展是培育成渝城市群次级中心城市，优化成渝地区双城经济圈城市层级体系的关键。上述8个进入《规划纲要》的区域中心城市的发展状况如何，是否具备成为成渝地区双城经济圈次级中心城市的潜力和实力？本章将首先从金融资源分布、产业结构分布、人口规模、高等教育资源分布等角度分析各区域中心城市的基础实力，最后基于引力模型和综合指标法，从多个角度测算各区域中心城市的城市中心性，以对绵阳、乐山、南充、达州、宜宾、泸州、黔江和万州8个区域中心城市在各自区域作为成渝城市群次级中心城市的潜力和实力进行分析。

一、成渝地区双城经济圈区域中心城市的金融资源分布

首先我们对绵阳、乐山、南充、达州、宜宾、泸州6个成都都市圈地级区

域中心城市的金融集聚和整体发展情况进行比较。我们根据前面对 2019 年成渝地区双城经济圈各城市的金融发展、金融集聚等情况进行了简单的分类见表 6－1。从表 6－1 对成渝地区 16 个地级市及以上城市的金融资源分类可以发现，成都都市圈的 6 个规划中的区域中心城市绵阳、乐山、南充、达州、宜宾和泸州等城市在金融集聚度和金融整体发展方面，虽然与中心城市重庆和成都存在明显差距，但是大部分都属于成渝地区金融发展第二梯队的城市，与成渝地区其他城市相比存在较为明显的整体优势，在金融资源分布方面，具备成为次级中心城市的潜力。但是，上述城市在一些方面也存在明显短板，例如乐山在金融集聚方面、泸州和达州在金融整体发展方面与其他区域中心城市相比还存在一定差距，相对于成渝地区其他城市的发展优势也不够稳固。

表 6－1　成渝地区双城经济圈各城市的金融集聚和金融发展情况分类

城市类型	存贷款集中度	从业人员集中度	金融集聚	金融发展
一类	重庆　成都	重庆　成都	重庆　成都	成都　重庆
二类	绵阳　南充　宜宾　达州　泸州　德阳　乐山	宜宾　眉山　达州　南充　资阳　自贡　泸州	宜宾　南充　达州　眉山　绵阳　泸州	绵阳　宜宾　德阳　眉山　南充　乐山
三类	眉山　自贡　遂宁　内江　广安　资阳	广安　德阳　乐山　绵阳	德阳　自贡　乐山　资阳　广安	泸州　自贡　达州
四类	雅安	雅安　内江　遂宁	内江　雅安　遂宁	雅安　资阳　遂宁　内江

为了更直观地观察各区域中心城市成为城市群次级中心城市的发展潜力，下面我们将绵阳、乐山、南充、达州、宜宾、泸州、黔江和万州 8 个规划中的区域中心城市与相应区域的其他城市在金融集聚和金融发展等方面的情况进行比较。

成都平原城市群。成都平原城市群拥有绵阳、德阳、乐山、眉山、资阳和雅安 6 个地级城市①，均属于成渝地区双城经济圈规划范围，其中绵阳和乐山

① 一般来说，成都平原城市群还包括了核心城市成都，由于此处我们侧重于区域中心城市与同区域其他地级市之间的比较，因此并没有将成都纳入比较范围，下文也采用了同样的思路。

被《规划纲要》确立为区域中心城市。为了观察绵阳和乐山在成都平原城市群的金融资源发展情况，我们分别选取了金融机构存贷款集中度、金融从业人员集中度、金融集聚和金融发展等指标，对绵阳、德阳、乐山、眉山、资阳和雅安6个成都平原城市群城市进行了排序和比较。从表6－2报告的成渝平原城市群6个城市的金融集聚和金融发展情况得分和排序可以看出，作为规划中的区域中心城市，绵阳市集中了成都平原城市群29.5%和12.5%的存贷款和从业人员资源，在金融发展整体实力上在成都平原城市群排名第一，在金融资源的集聚度方面排名第二，金融发展整体实力较强；而乐山在金融资源集中度和金融发展综合实力的排序中，在6个地级市中均仅排名第四位，金融发展整体实力不仅与绵阳存在较大差距，与德阳和眉山等同区域城市相比也没有明显优势。

表6－2　成都平原城市群金融资源指标排序

城市	金融机构存贷款集中度	金融从业人员集中度	金融集聚综合得分	金融集聚综合排序	金融发展综合得分	金融发展综合排序
绵阳	0.2946	0.1247	0.4194	2	0.1092	1
德阳	0.1941	0.1630	0.3571	3	0.0932	2
乐山	0.1785	0.1375	0.3160	4	0.0809	4
眉山	0.1516	0.2814	0.4330	1	0.086	3
资阳	0.0971	0.2020	0.2990	5	0.0585	6
雅安	0.0841	0.0914	0.1755	6	0.0626	5

注：金融机构存贷款集中度测算的是各个城市存贷款余额占成都平原城市群所有城市存贷款余额总量的比例；金融从业人员集中度用各个城市金融行业就业人员占成都平原城市群所有城市金融行业就业人员总数的比例来进行测算；金融集聚综合得分由存贷款集中度和金融从业人员集中度两个指标加总得到；金融发展综合得分和排序直接根据第四章表4－21成渝地区双城经济圈各城市金融发展综合得分和排序表整理得到。

川东北城市群。川东北城市群包括南充、达州、广安、广元和巴中5个地级市，属于成渝地区双城经济圈规划范围的城市有南充、达州和广安，而广元和巴中两个城市尚未纳入成渝地区双城经济圈规划范围。下面我们从金融机构存贷款集中度和金融从业人员集中度角度来分析南充和达州两个区域中心城市在川东北城市群中的金融资源分布情况。从表6－3报告的川东北城市群金融资源指标得分和排序情况可以看出，作为区域中心城市，南充集中了川东北城市群 31.9% 的存贷款资源和 34.2% 的金融从业人员资源，金融资源集中度排名第一；达州集中了川东北城市群 26.9% 的存贷款资源和 20.5% 的金融从业人员资源，金融资源集中度排名第二；两个区域中心城市集中了超过一半的金融资源，在金融发展整体实力方面与区域内其他城市相比均具有明显的优势。

表 6－3　川东北城市群金融资源指标排序

城市	金融机构存贷款余额（亿元）	存贷款集中度	金融从业人员（万人）	金融从业人员集中度	金融集中度综合得分	金融集中度综合排序
南充	5809.34	0.3194	2.22	0.3421	0.6615	1
达州	4900.32	0.2694	1.33	0.2049	0.4744	2
广安	2911.95	0.1601	1.09	0.1680	0.3281	3
广元	2462.50	0.1354	1.16	0.1787	0.3141	4
巴中	2102.45	0.1156	0.69	0.1063	0.2219	5

注：由于广元和巴中不属于成渝地区双城经济圈规划范围，前文并没有将上述两市纳入成渝地区双城经济圈各城市金融发展综合排序，因此与表 6－2 相比，此处没有列出金融发展综合得分和排序；其余指标的计算方法同表 6－2。

川南城市群。川南城市群包括宜宾、泸州、自贡和内江 4 个地级市，均属于成渝地区双城经济圈规划范围，其中宜宾和泸州被《规划纲要》确立为川南城市群区域中心城市。由于上述城市均属于成渝地区双城经济圈城市，我们分别选取了金融机构存贷款集中度、金融从业人员集中度等金融集聚指标，并根据第四章表 4－21 成渝地区双城经济圈各城市金融发展综合得分梳理得到了上述城市的金融发展综合得分和排序指标，具体得分和排序见表 6－4 所示。从表 6－4 报告的川南城市群金融资源指标得分和排序情况可以看出，作为区域中心城市，南充集中了川南城市群 33% 的存贷款资源和 37.4% 的金融从业人员资源，金融资源集中度排名第一，金融发展综合得分也排名第一；泸州的存贷款集中度和金融从业人员集中度分别达到 30% 和 24.9%，金融资源集中度排名第二，金融发展综合排名也为第二。可见，上述两个区域中心城市集中了川南城市群 60% 以上的金融资源，在金融发展综合实力方面与区域内其他城市相比也具有很大的优势。

表 6－4　　川南城市群金融资源指标排序

城市	存贷款集中度	金融从业人员集中度	金融集聚综合得分	金融集聚综合排序	金融发展综合得分	金融发展综合排序
宜宾	0.3295	0.3740	0.7034	1	0.0934	1
泸州	0.2955	0.2493	0.5448	2	0.0796	2
自贡	0.2012	0.2633	0.4645	3	0.0745	3
内江	0.1738	0.1135	0.2873	4	0.0337	4

注：同表 6－2。

从重庆都市圈区域中心城市规划来看，万州和黔江分别被《规划纲要》确立为渝东北三峡库区城镇群和渝东南武陵山区城镇群区域中心城市。为了对上述两个规划中的区域中心城市的金融资源发展情况进行分析，与四川省各地级市的统计数据不同，重庆市区（县）一级的金融从业人员等相关数据并未在《重庆统计年鉴》《中国城市统计年鉴》等主要年鉴中单独列出，因此，下面我们主要从金融机构存贷款余额集中度角度对黔江和万州在渝东南和渝东北地区的金融资源发展情况进行分析。

渝东南武陵山区城镇群。重庆渝东南武陵山区城镇群包括了黔江、彭水、武隆、石柱、酉阳、秀山6个区县，其中黔江属于成渝地区双城经济圈规划范围，且被确立为渝东南地区区域中心城市；从表6－5报告的渝东南城镇群金融资源分布指标排序可以看出，黔江集中了渝东南城镇群20.6%的存贷款资源，金融集中度排名第一，与其他区县相比，黔江在金融资源分布方面具有一定的优势，但是值得注意的是，渝东南城镇群6个区县的存贷款集中度均超过15%，这说明该区域的金融资源分布相对较为均匀，并没有表现出明显的资源集聚趋势，因此，黔江在金融资源分布方面的优势并不突出。

表 6－5　　渝东南城镇群金融资源分布指标排序

城市	金融机构存款余额（亿元）	金融机构贷款余额（亿元）	金融机构存贷款总额（亿元）	金融机构存贷款集中度	存贷款集中度排序
黔江	299.44	408.47	707.91	0.2055	1
彭水	249.83	267.11	516.94	0.1501	6
武隆	236	282.63	518.63	0.1506	5

续表

城市	金融机构存款余额（亿元）	金融机构贷款余额（亿元）	金融机构存贷款总额（亿元）	金融机构存贷款集中度	存贷款集中度排序
石柱	284.88	263.22	548.1	0.1591	3
酉阳	288.24	258.22	546.46	0.1587	4
秀山	271.09	335.1	606.19	0.1760	2

渝东北三峡库区城镇群。重庆渝东南武陵山区城镇群包括了万州、云阳、开州、忠县、梁平、奉节、垫江、丰都、巫山、巫溪、城口11个区县，其中属于成渝地区双城经济圈规划范围的城市有万州、忠县、梁平、垫江、丰都以及开州、云阳的部分地区，而万州被《规划纲要》确立为渝东北地区区域中心城市。从表6-6报告的渝东北城镇群金融资源分布指标排序可以看出，作为规划中的区域中心城市，万州集中了渝东北城镇群26.1%的存贷款资源，在渝东北城镇群排名第一，与同区域其他区县相比，万州在金融资源分布方面具备明显的优势。从重庆都市圈两个区域中心城市的比较来看，黔江和万州两个城市均在相应地区表现出了金融资源分布方面的优势，但是相对而言，黔江在渝东南地区的金融资源优势并不明显，而万州在渝东北地区的金融资源分布优势则更为突出。

表6-6　　渝东南城镇群金融资源分布指标排序

城市	金融机构存款余额（亿元）	金融机构贷款余额（亿元）	金融机构存贷款总额（亿元）	金融机构存贷款集中度	存贷款集中度排序
万州	1527.74	955.79	2483.53	0.2611	1
云阳	567.76	317.21	884.97	0.0930	3
开州	809.03	442.45	1251.48	0.1316	2
忠县	529.13	342.12	871.25	0.0916	4
梁平	509.06	282.83	791.89	0.0833	5
奉节	359.85	344.34	704.19	0.0740	7
垫江	445.54	315.5	761.04	0.0800	6
丰都	407.5	252.87	660.37	0.0694	8
巫山	232.58	244.36	476.94	0.0501	9
巫溪	217.12	172.5	389.62	0.0410	10
城口	126.5	109.45	235.95	0.0248	11

可见，与同区域的其他城市相比较，绵阳、乐山、南充、达州、宜宾、泸州、黔江和万州8个规划中的区域中心城市在金融资源分布方面均具有成为次级中心城市的潜力，但是相对而言，绵阳、南充、宜宾和万州等城市在金融发展方面的整体竞争力更强，在金融资源方面已初步具备了成为成渝地区双城经济圈次级中心城市的实力，而乐山、达州、泸州和黔江与同区域其他城市相比，其金融资源优势是相对有限的，还需进一步提升。

二、成渝地区双城经济圈潜在区域中心城市的产业结构分布

为了分析绵阳、乐山、南充、达州、宜宾、泸州、黔江和万州8个区域中心城市的产业结构情况，表6－7报告了各区域中心城市第一产业、第二产业和第三产业增加值及其占地区生产总值的比例情况，并同时报告了重庆和成都两个中心城市的三次产业的增加值和比重进行对比。

成都平原城市群。从表6－7报告的各城市三次产业产值及占比情况可以看出，绵阳作为成都平原城市群区域性中心城市，也是四川省第二大经济体，是由党中央、国务院批准建设的中国科技城，重要的国防军工和科研生产基地，2021年地区生产总值达到3350.29亿元，其中第一产业增加值377.32亿元，第二产业增加值1352.65亿元，第三产业增加值1620.32亿元，第一产业占比为11.3%，第二产业占比40.4%，第三产业占比最高，达到48.3%，作为规划中的中国科技城，其第三产业占比还相对较低。乐山同样作为规划中的成都平原城市群区域中心城市，也是四川省重要工业城市和交通枢纽城市，同时也是四川省较为著名的旅游城市、国家历史文化名城、中国优秀旅游城市，2021年乐山市地区生产总值2205.15亿元，其中，第一产业增加值292亿元，第二产业增加值930.68亿元，第三产业增加值982.47亿元，三次产业占比分别为13.2%、42.2%和44.6%，与其他区域中心城市相比，其经济总量相对偏小，第三产业占比依然偏低。

川东北城市群。南充作为川东北城市群区域科教文化中心、也是成渝地区

重要的交通枢纽城市，2021 年南充地区生产总值 2601.98 亿元，其中，第一产业增加值 474.84 亿元，第二产业增加值 1019.43 亿元，第三产业增加值 1107.71 亿元，三次产业占比分别为 18.2%、39.2%和 42.6%，第一产业占比偏大。达州作为川东北城市群区域中心城市，同时也是中国西部天然气能源化工基地，川渝鄂陕接合部交通枢纽、文化商贸中心和生态宜居区域中心城市，2021 年达州地区生产总值实现 2351.7 亿元，其中第一产业增加值 411.6 亿元，第二产业增加值 835 亿元，第三产业增加值 1105.1 亿元，三次产业占比分别为 17.5%、35.5%和 47%，第一产业占比同样较高。

川南城市群。宜宾作为川南城市群区域中心城市，国家历史文化名城，也是四川南向开放枢纽门户，2021 年宜宾地区生产总值 3148.08 亿元，其中第一产业增加值 356.11 亿元，第二产业增加值 1568.65 亿元，第三产业增加值 1223.32 亿元，三次产业占比分别为 11.3%、49.8%、38.9%，第二产业占比较高。泸州作为川渝滇黔接合部区域中心城市和成渝地区双城经济圈南翼中心城市、重要的商贸物流中心，长江上游重要的港口城市，2021 年泸州地区生产总值 2406.08 亿元，其中，第一产业增加值 265.07 亿元，第二产业增加值 1185.59 亿元，第三产业增加值 955.41 亿元，三次产业占比分别为 11.0%、49.3%和 39.7%，第二产业占比较高。

渝东南城镇群。黔江区是重庆市辖区，地处东南武陵山区腹地，作为渝东南武陵山区区域中心城市，2021 年地区生产总值 270.98 亿元，第一产业实现增加值 33.34 亿元，第二产业实现增加值 98.14 亿元，第三产业实现增加值 139.51 亿元，三次产业占比分别为 12.3%、36.2%和 51.5%，地区生产总值规模偏小，但第三产业占比较高。

渝东北城镇群。万州区属于重庆市辖区，是渝东北三峡库区城镇群区域中心城市，2021 年地区生产总值 1087.94 亿元，第一产业增加值 108.91 亿元，第二产业增加值 310.96 亿元，第三产业增加值 668.08 亿元，三次产业占比分别为 10%、28.6%和 61.4%，其第三产业占比是 8 个区域中心城市中最高的。

综合来看，前述 8 个区域中心城市中，重庆都市圈的两个区域中心城市万州区和黔江区的第三产业占比最高，分别达到 61.4%和 51.5%，其他城市的第三产业比重均没有超过 50%；第二产业占比最高的城市是川南城市群的两个区域中心城市宜宾和泸州；作为川东北城市群区域中心城市，南充和达州的第一产业占比相对较高。可见，成渝地区的8个区域中心城市在产业结构方面各有侧重，且同区域城市表现出了一定的相似性。整体来看，成渝地区区域中心城市间的产业分布相对较为合理，在同区域表现出了一定的集聚和分工趋势，这对于成渝地区的协同发展是较为有利的；但是从产业规模和产业结构高级化角度来看，各区域中心城市与成都和重庆这两个中心城市尚有较大差距。

表6-7　成都地区双城经济圈区域中心城市产业结构　单位：亿元，%

地区	第一产业增加值	第一产业占比	第二产业增加值	第二产业占比	第三产业增加值	第三产业占比
重庆市	1922.03	6.8	11184.94	35.3	14787.05	57.9
成都市	582.8	2.9	6114.3	30.7	13219.9	66.4
绵阳市	377.32	11.3	1352.65	40.4	1620.32	48.3
乐山市	292	13.2	930.68	42.2	982.47	44.6
南充市	474.84	18.2	1019.43	39.2	1107.71	42.6
达州市	411.6	17.5	835	35.5	1105.1	47.0
宜宾市	356.11	11.3	1568.65	49.8	1223.32	38.9
泸州市	265.07	11.0	1185.59	49.3	955.41	39.7
黔江区	33.34	12.3	98.14	36.2	139.51	51.5
万州区	108.91	10.0	310.96	28.6	668.08	61.4

三、成渝地区双城经济圈潜在区域中心城市的人口分布

为了分析成渝地区双城经济圈各区域中心城市的人口分布和城市规模情况，我们选取各城市在第七次全国人口普查中的总人口、城镇化率、城市城区人口、65岁以上人口比重和流动人口比重等指标，对各城市的人口分布情况进行分析，具体数据见表6-8。从总人口规模来看，截至第七次全国人口普查时的统计，重庆的总人口超过3200万，成都的总人口也超过2000万，成渝“双核”集中了整个都市圈50%以上的人口；绵阳、乐山、南充、达州、宜宾、泸州6个规划中的区域中心城市的总人口均超过400万，与成渝地区其他

城市相比具有明显的人口规模优势，但与中心城市相比还存在较大差距。

从城镇化率指标来看，成都地区双城经济圈中成都的城镇化率最高，达到78.77%，重庆的城镇化率为69.46%，也高于双城经济圈62.58%的总体城镇化率；绵阳、乐山、南充、达州、宜宾、泸州6个区域中心城市的城镇化率均高于50%，但是也远低于成渝地区双城经济圈的总体城镇化率，与其他城市相比，也不存在优势。

从各城市城区人口规模来看，重庆和成都的城区人口均超过1000万，已达到全国超大城市的标准①；6个地级区域中心城市中，绵阳、南充和宜宾城区人口超过100万，属于大城市（Ⅱ型）城市，泸州和达州的城区人口接近100万，乐山的人口仅有70万，按城市规模划分，上述三个城市属于中等城市。整体来看，6个规划中的区域中心城市的城区人口虽然与其他城市相比存在一定优势，但是作为成渝城市群潜在的次级中心城市，其城市规模还有待进一步提高。

从人口老龄化程度来看，成渝地区双城经济圈65岁以上人口的整体比重为17.36%，远高于全国13.5%的平均值，属于全国人口老龄化程度较为严重的地区。在成渝地区双城经济圈中，成都65岁以上人口比重最低，但也高于全国平均水平，6个规划中的区域中心城市中，仅有宜宾65岁以上人口比重低于双城经济圈平均值，其他城市的人口老龄化程度均高于成渝地区平均值。可见，人口年龄结构的老化是成渝地区双城经济圈各城市的一个普遍问题。

从对流动人口的吸引力来看，成渝地区双城经济圈中，成都流动人口占总人口的比重最高，达到41.3%，这表明成都市对流动人口的吸引力较高，重庆流动人口占比为21.1%，排名第二，与成都尚有不小的差距；6个区域中心城市中，绵阳的流动人口占比最高，仅次于重庆，对流动人口表现出了较强的吸引力，其余5个城市的流动人口占比均比较低，与其他城市相比也不具备明显优势。

① 根据国务院在2014年11月印发的《关于调整城市规模划分标准的通知》，该通知以各城市城区常住人口为依据，将我国城市划分为了“五类七档”，具体划分标准为：城区人口1000万人以上的为超大城市，500万~1000万人的城市为特大城市，300万~500万人的城市为Ⅰ型大城市，100万~300万人的为Ⅱ型大城市，50万~100万人的为中等城市，20万~50万人的为Ⅰ型小城市，20万人以下的为Ⅱ型小城市。

表 6-8　　成渝地区双城经济圈各城市人口分布情况

地区	总人口（人）	城镇化率（%）	城市城区人口（人）	65 岁以上人口比重（%）	流动人口占比（%）
重庆市	32054159	69.46	16343989	17.08	21.1
成都市	20937757	78.77	13340304	13.62	41.3
自贡市	2489256	55.4	767786	21.29	12.8
泸州市	4254149	50.24	999809	17.65	11.2
德阳市	3456161	55.97	664103	20.25	13.6
绵阳市	4567754	52.95	1382004	18.26	20.7
遂宁市	2814196	57.3	750216	19.85	10
内江市	3140678	50.07	553664	20.03	9.95
乐山市	3160168	53.11	701111	19.19	13
南充市	5607565	50.22	1193494	20.69	10
眉山市	2955219	50.14	674734	20.02	11.7
宜宾市	4588804	51.39	1079605	15.76	13.7
广安市	3254883	44.07	399907	19.57	6.27
达州市	4978737	50.41	968931	18.01	10.9
雅安市	1254530	53.71	290242	16.9	11.6
资阳市	2308631	41.29	408262	22.62	6.63
双圈合计	101822647	62.58	40518161	17.36	20.87

注：本表流动人口占比指标是通过户口登记地在本省其他县市和外省的人口总数占总人口的比例计算得到。

为了进一步观察绵阳、乐山、南充、达州、宜宾、泸州、黔江和万州 8 个规划中的区域中心城市在各自区域中的人口分布情况，下面我们分别对成都平原城市群、川东北城市群、川南城市群、渝东北城镇群和渝东南城镇群等地区各城市的人口分布情况进行分析。

成都平原城市群。表 6-9 报告了绵阳、德阳、乐山、眉山、资阳和雅安 6 个成都平原城市群地级市的总人口、城镇化率、城区人口、人口老龄化和流动人口占比等情况。从总人口来看，作为规划中的区域中心城市，成都平原城市群中，绵阳市的总人口规模具有明显优势，而乐山的总人口规模排名第三，落后于同区域的德阳市；在城镇化率方面，绵阳和乐山两市与其他城市相比并不具备优势，城镇化率水平仅仅排名第三位和第四位；在城区人口规模方面，绵阳市则表现出了较大的优势，城区人口规模为第三名德阳市的两倍，乐山市城区人口规模排名第二，与其他城市相比，城市规模也有一定优势；在人口老龄化程度方面，绵阳和乐山两市与其他城市较为接近；流动人口占比方面，绵阳市也表现出了对流动人口的强大吸引力，流动人口占比排名第一，乐山流动人口占比虽高于眉山、资阳和雅安，但是要低于德阳市。可见，在成都平原城市群中，绵阳在总人口、城区人口和对流动人口的吸引力等方面均表现突出，具备成为区域中心城市的实力和城市群次级中心城市的潜力，但同为区域中心城市的乐山市，虽在人口和城市规模方面存在一定优势，但是在其他方面，与绵阳市存在明显差距，与德阳市相比也没有明显的优势，在人口规模方面作为区域中心城市的潜力还有待进一步提升。

表 6-9　成都平原城市群人口分布情况

地区	总人口（人）	城镇化率（%）	城市城区人口（人）	65 岁以上人口比重（%）	流动人口占比（%）
绵阳市	4567754	52.95	1382004	18.26	20.7
德阳市	3456161	55.97	664103	20.25	13.6
乐山市	3160168	53.11	701111	19.19	13
眉山市	2955219	50.14	674734	20.02	11.7
资阳市	2308631	41.29	408262	22.62	6.63
雅安市	1254530	53.71	290242	16.9	11.6

川东北城市群。表 6-10 报告了南充、达州、广安、广元和巴中 5 个川东北城市群地级市的人口分布情况。从总人口规模来看，作为区域中心城市的南充和达州的总人口在川东北城市群排名前两位，人口规模具有明显的优势；在城镇化率方面，达州和南充与其他城市相比具备优势，是川东北城市群城镇化率超过 50% 的两个城市；在城区人口方面，南充和达州具备更加明显的优势，两个城市集中了川东北城市群 61.6% 的城区人口；在人口老龄化程度和对流动人口的吸引力方面，南充和达州与其他城市差别不大。可见，南充和达州在

川东北城市群中表现出了一定的优势，尤其是在城市规模方面，具备成为区域中心城市的基础实力。

表 6－10　川东北城市群人口分布情况

地区	总人口（人）	城镇化率（%）	城市城区人口（人）	65 岁以上人口比重（%）	流动人口占比（%）
南充市	5607565	50.22	1193494	20.69	10
达州市	4978737	50.41	968931	18.01	10.9
广安市	3254883	44.07	399907	19.57	6.27
广元市	2305657	47.04	475784	18.81	12.1
巴中市	2712894	46.16	472166	19.67	7.49

川南城市群。表 6－11 报告了宜宾、泸州、自贡和内江 4 个川南城市群地级市的总人口、城镇化率、城区人口、65 岁以上人口比重和流动人口占比情况。从总人口规模来看，作为区域中心城市的宜宾和泸州人口规模较大，在川南城市群具备明显优势；在城镇化率方面，宜宾和泸州的城镇化率低于自贡市，与同区域城市相比差别不大；在城区人口规模方面，宜宾和泸州城区人口均在 100 万左右，城市规模明显大于其他两个城市；65 岁以上人口占比方面，宜宾和泸州两市的人口老龄化程度明显低于其他城市，在人口结构方面具有一定优势；在流动人口占比方面，宜宾和泸州两市流动人口占总人口的比重与其他城市接近，并没有体现出对流动人口更强的吸引力。可见，从人口分布方面，宜宾和泸州两市具备成为区域中心城市的人口规模，但是作为区域中心城市，两市对流动人口的吸引力方面还有待进一步增强。

表 6－11　川南城市群人口分布情况

地区	总人口（人）	城镇化率（%）	城市城区人口（人）	65 岁以上人口比重（%）	流动人口占比（%）
宜宾市	4588804	51.39	1079605	15.76	13.7
泸州市	4254149	50.24	999809	17.65	11.2
自贡市	2489256	55.4	767786	21.29	12.8
内江市	3140678	50.07	553664	20.03	9.95

渝东南武陵山区城镇群。表 6－12 报告了黔江、彭水、武隆、石柱、酉阳、秀山 6 个渝东南城镇群城市的总人口、城镇化率、城区人口、65 岁以上人口比重和流动人口占比情况。从总人口规模来看，黔江总人口在渝东南城镇群仅排名第四，人口规模方面并不占有优势；在城镇化率方面，黔江城镇化率在渝东南城镇群中排名第一，与其他城市相比具有明显优势；从人口老龄化程度来看，黔江 65 岁以上人口占比在渝东南城镇群是最低的，在人口结构方面具有一定优势；从流动人口占比而言，黔江流动人口占比在渝东南城镇群城市群排名第一，对流动人口的吸引力具有一定优势。可见，虽然在人口规模方面不占优势，但是由于较高的城镇化率，较好的人口结构以及对流动人口的较强吸引力，黔江在渝东南城镇群具备成为区域中心城市的潜力。

表 6－12　渝东南城镇群人口分布情况

地区	总人口（人）	城镇化率（%）	65 岁以上人口占比（%）	流动人口占比（%）
黔江	487281	59.2	14.66	13.07
武隆	356748	49.29	19.71	12.43
石柱	389001	57.89	19.08	3.93
秀山	496194	45.34	16.56	3.36
酉阳	607338	42.19	16.94	2.44
彭水	530599	48.25	16.68	3.24

渝东北三峡库区城镇群。表 6－13 报告了万州、云阳、开州、忠县、梁平、奉节、垫江、丰都、巫山、巫溪、城口 11 个渝东北城镇群城市的人口分布情况。从总人口规模来看，作为区域中心城市的万州总人口在渝东北城镇群排名第一，在人口规模方面具备明显优势；在城镇化率方面，万州城镇化率为 68.9%，远高于渝东北城镇群其他城市，城市化方面的优势也较为突出；从人口老龄化程度来看，万州与同区域其他城市差别不大，也高于成渝地区双城经济圈的整体人口老龄化率；从流动人口占比来看，万州流动人口占总人口的比例明显高于其他城市，对流动人口的吸引力在渝东北地区占据明显的优势。可见，万州具备成为渝东北城镇群区域中心城市的实力和成渝城市群次级中心城市的潜力。

表 6-13　　渝东北城镇群人口分布情况

地区	总人口（人）	城镇化率（%）	65岁以上人口占比（%）	流动人口占比（%）
万州	1564449	68.92	18.89	12.22
开州	1203306	50.57	18.47	3.12
梁平	645315	50.13	20.4	4.04
城口	197497	41.14	15.91	4.8
丰都	557374	49.21	20.29	4.6
垫江	650694	49.25	20.29	4
忠县	720976	48.27	21.4	11.04
云阳	929034	52.88	19.08	5.17
奉节	744836	49.52	17.74	3.25
巫山	462462	43.39	17.78	4.39
巫溪	388685	40.32	18.15	2.91

从前文的比较可见，《规划纲要》所确立的8个区域性中心城市虽然基本具备成为成渝城市群次级中心城市的潜力和比较优势，但是其城市整体经济规模和对资源的集聚力还明显不够，如果与国内外发达城市群相比较，成渝地区双城经济圈区域中心城市的弱势和城市层级体系不够完善的问题将会更加凸显。下文我们用成渝城市群与发展较好的长江三角洲城市群的城市规模分布和层级体系进行对比，见表6-14。

从表6-14可以看出，截至2020年第七次全国人口普查，成渝城市群有重庆和成都两个超大城市，有绵阳、南充和宜宾3个大城市（Ⅱ型），有泸州自贡、遂宁、内江、眉山、乐山和德阳7个中等城市，有资阳、广安和雅安3个小城市（Ⅰ型），但是城市层级体系中没有特大城市和大城市（Ⅰ型）。可见，当前成渝地区双城经济圈已拥有重庆和成都两个超大城市作为中心城市，但是缺乏人口在500万以上的特大城市和人口在300万以上的大城市（Ⅰ型）作为次级中心城市，包括《规划纲要》所确立的区域性中心城市在内的14个地级市的城区人口均在140万以下，距离300万人还有相当大的差距。从表6-14第4列报告的长三角城市群的城市层级体系相比较可以看出，长三角城市群有一个超大城市上海，两个特大城市杭州和南京，而大城市（Ⅰ型）多达5个，大城市（Ⅱ型）有6个，同时有9个中等城市和3个小城市（Ⅰ型）。从城市群城市层级体系来看，长三角城市群从超大城市到小城市各种城市类型兼具，中心城市和次级中心城市人口规模大且分布较为合理，从超大城市到中等城市，不同类型城市的数量基本构成了较为理想的金字塔形状，有效支撑了长三角城市群的协同发展。与之相比，成渝地区双城经济圈目前虽然拥有全国7个超大城市中的两个①，但是由于缺乏具有足够实力的次级中心城市的支撑，与更为成熟的长三角城市群相比，成渝城市群的城市层级体系还不够合理，同时还存在资源分布过于极化和区域间发展不协调的问题。显然，不够完善的城市层级体系不仅不利于成渝地区双城经济圈协同发展格局的持续优化，长期来看，也可能制约成渝地区双城经济圈整体竞争力和国际影响力的进一步提升。

表6－14　　成渝城市群与长三角城市群城市体系的对比

城市类型	人口标准	成渝城市群（2020年）	长三角城市群（2020年）
超大城市	城区人口超过1000万人	重庆　成都	上海
特大城市	城区人口500万～1000万人	无	杭州　南京
大城市（Ⅰ型）	城区人口300万～500万人	无	苏州　合肥　宁波　无锡　常州
大城市（Ⅱ型）	城区人口100万～300万人	绵阳　南充　宜宾	绍兴　南通　扬州　盐城　台州　芜湖
中等城市	城区人口50万～100万人	泸州　自贡　遂宁　内江　眉山　乐山　德阳	嘉兴　泰州　马鞍山　金华　镇江　湖州　安庆　舟山　铜陵
小城市（Ⅰ型）	城区人口20万～50万人	资阳　广安　雅安	滁州　池州　宣城
小城市（Ⅱ型）	城区人口20万人以下	无	无

注：根据国务院“五类七档”划分标准，城区人口1000万人以上的为超大城市，500万～1000万人的城市为特大城市，300万～500万人的城市为Ⅰ型大城市，100万～300万人的为Ⅱ型大城市，50万～100万人的为中等城市，20万～50万人的为Ⅰ型小城市，20万人以下的为Ⅱ型小城市。

① 根据国家统计局于2021年9月发布的《经济社会发展统计图表：第七次全国人口普查超大、特大城市人口基本情况》，目前我国的7个超大城市分别是：上海、北京、深圳、重庆、广州、成都、天津。

四、成渝地区双城经济圈潜在区域中心城市高等教育资源分布

高等教育资源一般指高校在发展过程中能够利用的基础教育设施、财政经费、人才队伍等的总和，而高等教育资源分布主要指高等教育资源在一定区域范围内的散布规律。对于成渝地区的区域中心城市而言，高等教育是其城市竞争力提升、实现高质量发展的核心资源之一，也在一定程度上决定了其能否真正成为成渝地区双城经济圈城市体系中的次级中心城市。本部分我们首先以高校数量的区域分布来观察成渝地区高等教育资源的整体分布；其次，以不同类型高校的分布作为衡量高等教育质量和办学层次的指标，对成渝地区双城经济圈中心城市、区域中心城市和其他城市的高等教育资源现状进行比较分析。

1. 高校数量区域分布

截至 2023 年 6 月 15 日，成渝地区双城经济圈 16 个地级及以上城市共有各类高等学校 208 所①，其中，本科高校 76 所、专科高校 118 所、成人高校 14 所。从高校的总量分布来看，成渝地区所有地级及以上城市都拥有至少 1 所高等学校，其中，重庆 74 所，成都 66 所，分别排名第 1 和第 2 位；绵阳、德阳和南充均有 8 所以上的高校，排名第 3 ~ 5 位；泸州和眉山的高等学校分别为 7 所和 6 所，其余城市的高校数量均在 4 所以下，广安仅有 1 所。成渝地区各城市高校数量的详细统计数据如表 6 – 15 所示。

从表 6 – 15 中报告的成渝地区本科高等学校数量分布来看，中心城市成都有 29 所，重庆有 27 所，略少于成都。区域中心城市与成都、重庆两市相比存在明显差距，但均有 1 所以上的本科高校，排名第 3 位的区域中心城市绵阳有 5 所本科高校，排名第 4 位的区域中心城市南充有 3 所本科院校，泸州、乐山、达州和宜宾等区域中心城市有 1 ~ 2 所本科院校；其他城市中，德阳有 2

① 此部分的成渝地区各城市高校资源数据根据教育部发布的截至 2023 年 6 月 15 的《全国普通高等学校名单》和《全国成人高等学校名单》整理得到。

所本科院校，遂宁、广安、资阳等城市没有本科院校。从高校资源分布比例来看，成都、重庆两市本科高校数量超过双城经济圈本科高校总数的70%，区域中心城市和其他城市本科高校总数占成渝地区本科高校总数的比例不足30%。

从专科高等学校数量分布来看，中心城市重庆有44所，数量最多，成都有29所，排名第2位。排在第3和第4位的德阳和绵阳，分别有7所和6所专科院校，第5位的泸州和眉山均有5所专科院校。除上述城市以外，其余城市仅有1~4所专科院校，而乐山、宜宾、广安和雅安等城市只有1所专科院校。从专科高校资源的整体分布来看，中心城市重庆、成都两市专科高校数量占专科高校总数的62%，区域中心城市和其他城市专科高校总和占比为38%左右。可见，与本科高校的分布趋势类似，成渝地区双城经济圈的专科高等学校资源也主要集中在重庆、成都两个中心城市，其余城市专科高校数量较少。然而，与本科高校资源分布相比，专科高校资源分布不均的问题相对较为缓和，其原因可能在于有一定数量的专科高校将校址选在了绵阳、泸州等区域中心城市，这在一定程度上缓解了成渝地区双城经济圈高等教育资源分布不均的问题，也表明一些发展基础较好的区域中心城市对高等学校和人才资源的吸引力有所上升。从表6-15中的专科高校数量比较可以看出，在专科高校数量方面，区域中心城市与其他非中心城市相比，整体优势并不明显，甚至乐山、宜宾等区域中心城市的专科高校数量明显少于表现较好的德阳、眉山等城市。

综上所述，成渝地区双城经济圈的大部分高等教育资源集中在重庆和成都两个中心城市，绵阳、南充等一些发展较好的区域中心城市也集中了部分高校资源，但整体而言，成渝地区的区域中心城市和其他城市的高校资源较为匮乏，区域高校资源的整体分布呈现向中心城市高度集中的状态。

表6-15　　成渝地区双城经济圈各城市高校数量分布

城市	本科高校	专科高校	成人高校	城市合计
中心城市				
重庆	27	44	3	74
成都	29	29	8	66

续表

城市	本科高校	专科高校	成人高校	城市合计
区域中心城市				
绵阳	5	6	2	13
乐山	2	1	0	3
南充	3	4	1	8
达州	1	2	0	3
宜宾	1	1	0	2
泸州	2	5	0	7
其他城市				
自贡	1	2	0	3
德阳	2	7	0	9
遂宁	0	4	0	4
内江	1	3	0	4
眉山	1	5	0	6
广安	0	1	0	1
雅安	1	1	0	2
资阳	0	3	0	3
双圈合计	76	118	14	208

注：本表各城市高校资源数据根据教育部发布的截至 2023 年 6 月 15 日的《全国普通高等学校名单》和《全国成人高等学校名单》整理得到。

2. 高校办学层次分析

从成渝地区高水平高校的城市分布情况来看，成渝地区双城经济圈共拥有 3 所“985”高校、7 所“211”高校，有 10 所高校进入“双一流”建设高校和学科名单，公办本科 49 所、民办本科 27 所，公办专科 65 所、民办专科 53 所，各城市的分类型高校数量的具体数据如表 6 – 16 所示。从高水平高校的城市分布来看，成都有 2 所“985”高校、4 所“211”高校，有 7 所高校入选国家“双一流”建设高校和学科名单，是成渝地区双城经济圈高等教育资源最丰富的城市；重庆拥有 1 所“985”高校、2 所“211”高校，其中有 2 所高校入选“双一流”建设高校和学科名单，在双城经济圈中排名第 2 位，但与排名第 1 位的成都相比，依然存在明显的差距。在其余 14 个地级城市中，除雅安拥有一所“211”和“双一流”高校以外，其他城市均没有“211”和“双一流”高校。同时，成渝地区双城经济圈中的公办本科高校资源也主要集中在成都和重庆两市，其他城市的公办本科高校较少，其中泸州、绵阳、内江、乐山等城市有 1 ~ 2 所公办本科高校，还有 4 个城市没有公办本科高校。从公办和民办高校类型角度来分析，成渝地区双城经济圈中民办高校资源最丰富的城市是重庆，有 29 所（本科 9 所、专科 20 所）；成都共有民办高校 22 所（本科 11 所、专科 11 所），排名第 2 位；除成渝两市以外，民办高校数量最多的是区域中心城市绵阳（6 所），眉山和德阳分别有 5 所和 4 所民办高校，但其余城市的民办高校资源较为匮乏，内江、宜宾、广安、达州和雅安等 5 个城市没有民办高校。

从上文对各城市高校办学层次的比较分析可以看出，成渝地区双城经济圈的一流高等院校和公办高校资源均集中分布在成都和重庆两市，6 个区域中心城市虽然在本科高校资源方面的表现好于其他城市，但是整体而言，其优质公办高等教育资源依然非常匮乏。民办高等教育资源的分布方面，重庆和成都依然集中了大部分民办高等教育资源，区域中心城市绵阳的民办高校资源相对较好，但是其他区域中心城市的民办高校资源相对匮乏。

表 6-16　成渝地区双城经济圈各城市高校类型和办学层次

城市	985 高校	211 高校	“双一流”高校	公办本科	民办本科	公办专科	民办专科
中心城市							
重庆	1	2	2	18	9	24	20
成都	2	4	7	18	11	18	11
区域中心城市							
绵阳	0	0	0	2	3	3	3
乐山	0	0	0	1	1	1	0
南充	0	0	0	2	1	2	2
达州	0	0	0	1	0	2	0
宜宾	0	0	0	1	0	1	0
泸州	0	0	0	2	0	2	3

续表

城市	985 高校	211 高校	"双一流" 高校	公办本科	民办本科	公办专科	民办专科
其他城市							
德阳	0	0	0	1	1	4	3
自贡	0	0	0	1	0	1	1
遂宁	0	0	0	0	0	1	3
内江	0	0	0	1	0	3	0
眉山	0	0	0	0	1	1	4
广安	0	0	0	0	0	1	0
雅安	0	1	1	1	0	1	0
资阳	0	0	0	0	0	0	3
双圈合计	3	7	10	49	27	65	53

注：本表各城市高校资源数据根据教育部发布的截至 2023 年 6 月 15 日的《全国普通高等学校名单》和《全国成人高等学校名单》整理得到。

3. 成渝地区双城经济圈区域中心城市高等教育综合竞争力分析

前文重点从高校数量及其办学层次角度对比分析了成渝地区双城经济圈的中心城市、区域中心城市和其他城市的高校分布情况。为了更全面的比较各区域中心城市和其他城市高等教育发展的综合竞争力，下面我们进一步从城市经济基础、整体教育实力、文化科技底蕴和高等教育资源等四个方面建立指标体系，对于成渝地区各城市的高等教育综合竞争力进行观察和比较。

参照现有研究中最常用的指标设计思路，本章我们设置了经济基础、教育实力、文化科技和高等教育等四个一级指标，并从经济总量、人均收入、政府财力、财政投入、受教育水平、教育从业人员、图书藏量、文化从业人员、科技服务人员、高等学校数量和专任教师数量等角度设置二级指标，最终选取 13 个相应的三级指标构成综合指标体系，对成渝地区双城经济圈各城市高等教育的综合竞争力进行测算，具体指标体系见表 6 - 17 所示。为了更合理的确定指标权重，本章采用类似研究中最常用的熵值法来确定指标权重，并利用等权重法与熵值法测算结果进行对比，以验证结论的稳健性。信息论认为，熵是对系统无序程度的一种度量，由于熵值依赖于数据本身的变异程度，因此利用熵值可以表征某个指标的变异程度。如果一个指标变异程度越大，则该指标提供的信息量就越大，其权重就应该越大；反之，如果样本数据在某项指标下没有任何变异即取值都相等，则该指标对总体评价的影响为0，权重也应该为0。

利用熵值法测算得到的每个指标的权重如表6－17最后一列所示。在对原始指标进行标准化处理以后，我们分别利用熵值法和等权重法计算各城市在高等教育发展方面的综合得分，并对各城市在各一级指标和综合指标上的表现进行排序。下文我们按照成渝地区各城市在经济基础、教育实力、文化科技和高等教育等四个一级指标上的表现分别进行比较分析。

表6－17 成渝地区双城经济圈高等教育综合竞争力指标体系

一级指标	二级指标	三级指标	熵值法权重
经济基础	经济总量	GDP	0.0709
	人均收入	人均GDP	0.0837
	政府财力	地方一般公共预算收入	0.0674
教育实力	教育财政投入	教育事业费支出	0.0720
	受教育水平	平均受教育年限	0.0831
	教育从业人员	教育从业人员占比	0.0842
文化科技	图书藏量	人均公共图书馆图书藏量	0.0810
	文化从业人员	文化体育和娱乐业从业人员占比	0.0850
	科技服务人员	科学研究和技术服务业从业人员占比	0.0816
高等教育	高等学校	普通高等学校数	0.0711
	专任教师	普通高等学校专任教师数	0.0694
	本专科学生	普通本专科在校学生数	0.0698
	高学历人口	高等教育人口占比	0.0809

注：本表指标体系中采用的各城市居民受教育水平、高学历人口和相关从业人员比例等涉及人口的数据均来自2020年全国第七次人口普查分县数据；其他数据来源于《中国城市统计年鉴（2022）》。

（1）经济基础

城市经济基础是决定其高等教育发展潜力的重要因素。为了观察成渝地区区域中心城市和其他城市近年来的整体经济建设实力，本章从经济总量、人均收入和政府财力角度选取了地区生产总值、人均GDP和地方一般公共预算收入三个指标来进行综合测算。表6－18报告了成渝地区双城经济圈各城市的经济基础状况。从经济总量方面来看，中心城市重庆和成都地区生产总值在2021年时分别为27894亿和19917亿，排名前两位，几个区域中心城市和其他城市的经济体量与中心城市相比存在明显的差距。区域中心城市中表现最好的为绵阳和宜宾，而其他4个区域中心城市的地区生产总值也达到了2000亿以上；其他城市中经济总量最大的是德阳，而排名靠后的雅安和资阳的地区生产总值则不足1000亿。从人均收入角度来看，成都和重庆两市的人均GDP高于其他城市，德阳、乐山、绵阳、宜宾等城市次之，人均GDP最低的城市为资阳，人均GDP为38717元，区域中心城市与其他城市相比的优势并不明显。从政府财力角度比较，重庆地方一般公共预算收入最高，超过了2200亿，成都的地方一般公共预算收入也接近1700亿。宜宾、泸州、绵阳和南充等4个区域中心城市次之，地方一般公共预算收入均超过了140亿，作为区域中心城市，乐山和达州地方一般公共预算收入相对不足。从最后一列所报告的成渝地区各城市经济基础的综合得分来看，重庆和成都的得分远高于其他城市，排名前两位，宜宾、绵阳、乐山等区域中心城市的经济基础也相对较强，但是均落后于非中心城市德阳，相对来说，泸州、南充、达州等区域中心城市的经济基础相对较为薄弱。

表6-18　成渝地区双城经济圈各城市经济基础

	经济总量		人均收入		政府财力		经济基础综合得分	
	GDP/亿元	排序	人均GDP/元	排序	地方一般公共预算收入/亿元	排序	标准化得分	排序
重庆	27894	1	86879	2	2285.4533	1	0.9538	1
成都	19917	2	94622	1	1697.6341	2	0.8137	2
自贡	1601	11	64595	7	68.3865	14	0.1652	7
泸州	2406	7	56507	9	190.1545	4	0.1451	8
德阳	2657	5	76824	3	148.6769	6	0.2632	3
绵阳	3350	3	68696	5	159.199	5	0.2248	5
遂宁	1520	13	54300	10	91.6817	12	0.1063	10
内江	1606	10	51377	12	72.4959	13	0.0871	12
乐山	2205	9	69850	4	131.921	10	0.2135	6
南充	2602	6	46589	13	144.8719	7	0.0816	13
眉山	1548	12	52337	11	137.8997	8	0.1019	11
宜宾	3148	4	68481	6	251.1829	3	0.2348	4

续表

	经济总量		人均收入		政府财力		经济基础综合得分	
	GDP/亿元	排序	人均 GDP/元	排序	地方一般公共预算收入/亿元	排序	标准化得分	排序
广安	1418	14	43558	15	93.5747	11	0.0413	15
达州	2352	8	43646	14	133.3124	9	0.0593	14
雅安	841	16	58617	8	59.3429	15	0.1189	9
资阳	891	15	38717	16	57.9717	16	0.0006	16

（2）教育实力

对一个现代城市来说，政府教育投入、居民受教育水平和教育产业规模是城市高等教育发展的基础和土壤。为了考察成渝地区双城经济圈各城市的教育基础实力，本文从教育财政投入、受教育水平和教育从业人员角度选取了全年教育事业费支出、平均受教育年限和教育从业人员占比三个指标来测算双城经济圈各城市的教育基础实力。表 6 – 19 报告了成渝地区双城经济圈区域中心城市和其他城市教育实力得分和排序情况。从财政投入指标来看，中心城市重庆和成都的教育事业费支出排名前两位，区域中心城市和其他城市的教育事业费支出规模与成渝两市存在明显的差距，区域中心城市宜宾、南充、泸州、达州和绵阳的教育事业费支出排名位于 3 ~ 7 位，乐山排名第 9 位，整体而言，区域中心城市的教育财政投入与其他城市相比具有较为明显的优势。从受教育水平角度来看，中心城市成都的平均受教育年限为 10.51 年，排名第 1 位，重庆的平均受教育年限为 9.47 年排名第 2 位；其余 14 个城市中，区域中心城市绵阳的平均受教育程度最高，但是不同城市之间的受教育程度差异并不大，平均受教育年限均介于 8 ~ 9 年之间。从教育从业人员占比情况来看，成都教育从业人员占比在整个城市群中最高，区域中心城市绵阳、达州和南充超越中心城市重庆排名第 2 ~ 4 位，重庆的教育从业人员占比仅排名第 5 位。从成渝地区双城经济圈各城市的教育实力综合得分来看，中心城市成都和重庆的教育实力明显高于其他城市，绵阳、达州、南充和宜宾等区域中心城市的表现也优于除中心城市以外的其他城市，相对而言，乐山和泸州作为区域中心城市的教育综合实力依然较为薄弱。

表 6－19　　成渝地区双城经济圈各城市教育实力

	财政投入		受教育水平		教育从业人员		教育实力综合得分	
	教育事业费支出/万元	排序	平均受教育年限/年	排序	教育从业人员占比/%	排序	标准化得分	排序
重庆	7949530	1	9.47	2	0.201	5	0.7323	2
成都	3574771	2	10.51	1	0.2349	1	0.8109	1
自贡	394264	14	8.62	8	0.1606	14	0.1402	13
泸州	829934	5	8.40	13	0.1687	10	0.1587	11
德阳	442052	13	8.77	5	0.181	8	0.2380	7
绵阳	733224	7	8.94	3	0.2201	2	0.4181	3
遂宁	454696	10	8.40	13	0.1937	6	0.2346	8
内江	454198	11	8.51	11	0.1646	11	0.1424	12
乐山	472450	9	8.72	6	0.1639	12	0.1694	10
南充	966992	4	8.41	12	0.2022	4	0.2895	5
眉山	444783	12	8.57	9	0.1546	15	0.1134	14
宜宾	985875	3	8.63	7	0.1838	7	0.2527	6
广安	650591	8	8.25	15	0.1607	13	0.1009	15
达州	821370	6	8.56	10	0.2052	3	0.3148	4
雅安	238781	16	8.80	4	0.1725	9	0.2020	9
资阳	309570	15	8.08	16	0.1445	16	0.0031	16

（3）文化科技

城市文化科技底蕴是由城市人文环境和科技氛围形塑而成的空间文化表征，是构成城市竞争力的重要组成部分，也是吸引高层次人才，提升创新力，夯实高等教育发展基础的重要因素（沙莲香，2004；史文崇，2014）。为了观察成渝地区双城经济圈各城市的文化科技情况，参照现有文献关于文化科技底蕴的测度指标并结合本研究的数据特点（谌丽等，2017），我们从图书藏量、文化从业人员和科技服务人员角度选取了人均公共图书馆图书藏量、文化体育和娱乐业从业人员占比、科学研究和技术服务业从业人员占比三个指标来测算双城经济圈各城市的文化科技底蕴。表 6－20 报告了成渝地区双城经济圈各城市的文化科技底蕴得分和排序情况。从图书藏量角度比较，成都的公共图书资源最为丰富，人均公共图书馆图书藏量远超其他城市排名第 1 位；达州和雅安等城市的人均图书藏量也较为丰富，排名第 2 ~ 3 位，中心城市重庆的人均图书藏量仅排名第 4 位，区域中心城市乐山和宜宾等城市的人均公共图书馆图书藏量相对较少。从文化从业人员占比指标来看，中心城市成都和重庆的表现欠佳，而南充和德阳的文化体育和娱乐业从业人员占比排名第 1 和第 2 位，成都排名第 3 位，绵阳、达州、遂宁和内江排名第 4 ~ 7 位，重庆仅排名第 8 位。作为区域中心城市，泸州的文化体育和娱乐业从业人员占比排名比较靠后。从科技服务人员占比来看，成都的科学研究和技术服务业从业人员占比排名第 1 位，区域中心城市绵阳排名第 2 位，中心城市重庆排名第 3 位，自贡、德阳和达州等城市排名次之，区域中心城市宜宾和泸州的科技服务从业人员占比相对较低。从表 6 - 20 最后一列报告的成渝地区各城市文化科技综合得分来看，整体而言，成都的文化科技底蕴最好，绵阳、达州、南充等区域中心城市的表现也较好，而区域中心城市泸州的城市文化科技综合实力相对较弱。

表 6 - 20　　成渝地区双城经济圈各城市文化科技

	图书藏量		文化从业人员		科技服务人员		文化科技综合得分	
	人均公共图书馆图书藏量/本	排序	文化体育和娱乐业从业人员占比/%	排序	科学研究和技术服务业从业人员占比/%	排序	标准化得分	排序
重庆	0.6855	4	0.0430	8	0.0528	3	0.4292	6
成都	1.2134	1	0.0649	3	0.1251	1	0.9680	1
自贡	0.2082	16	0.0429	9	0.0435	4	0.2426	10
泸州	0.3826	8	0.0308	15	0.0262	11	0.1667	14
德阳	0.3412	10	0.0660	2	0.0416	5	0.4382	5
绵阳	0.4288	7	0.0633	4	0.0737	2	0.5443	2
遂宁	0.3184	12	0.0541	6	0.0337	8	0.3262	7
内江	0.2506	14	0.0470	7	0.0296	10	0.2433	9
乐山	0.3314	11	0.0339	12	0.0258	12	0.1697	13
南充	0.3497	9	0.0696	1	0.0325	9	0.4385	4
眉山	0.2786	13	0.0420	10	0.0348	7	0.2340	11
宜宾	0.2182	15	0.0373	11	0.0215	13	0.1425	15
广安	0.5188	6	0.0338	13	0.0177	15	0.2070	12
达州	0.7596	2	0.0571	5	0.0404	6	0.5129	3
雅安	0.7500	3	0.0333	14	0.0186	14	0.2830	8
资阳	0.6291	5	0.0206	16	0.0129	16	0.1396	16

（4）高等教育

一个城市的高等学校和高层次人才资源是决定城市高等教育发展潜力的核心要素。为了分析成渝地区双城经济圈区域中心城市的高等教育发展情况，我们从高等学校数量、专任教师数量、本专科学生人数和高学历人口角度选取普通高等学校数量、普通高等学校专任教师数量、普通本专科在校学生人数以及接受过高等教育的人口占比4个指标对各城市的高等教育实力进行综合测算，具体结果如表6－21所示。从普通高等学校数量来看，2021年重庆和成都两个城市的普通高等学校数量相当，分别排名前两位；其他城市与成渝两市存在较大差距，高校数超过10所的城市仅有德阳和绵阳两市，南充和泸州各有7所高校，而其他区域中心城市的高校数量较少。从普通高等学校专任教师数和在校学生数两个指标来看，成都和重庆的高校教师和本专科学生规模最大，排名前两位；其他城市在这两个指标上的表现与所拥有的高等学校数量呈现出明显的正相关，作为区域中心城市，绵阳和南充等城市的表现相对较好，宜宾和达州等城市的高校师生规模相对不足。从高学历人口占比来看，成都接受过高等教育的人口占比最高，重庆次之，绵阳和乐山两个区域中心城市的高学历人口占比也超过了10%，而达州的高学历人口比例较低。从表6－21最后一列测算的各城市高等教育综合得分来看，成渝地区双城经济圈内的大部分高等教育资源集中在成都和重庆两市，高等学校资源相对较为丰富的绵阳、德阳和南充等城市的表现也较好，区域中心城市宜宾和达州的高等教育基础相对较为薄弱。

表6－21　　成渝地区双城经济圈各城市高等教育

	高等学校		专任教师		本专科学生		高学历人口		高等教育综合得分	
	普通高等学校数/所	排序	普通高等学校专任教师数/人	排序	普通本专科在校学生数/人	排序	接受过高等教育的人口占比/%	排序	标准化得分	排序
重庆	69	1	52132	2	1002720	1	15.41	2	0.8634	2
成都	65	2	53307	1	981464	2	25.58	1	0.9799	1
自贡	3	9	2470	9	55567	8	9.48	9	0.0691	10
泸州	7	5	3680	6	73004	6	8.41	11	0.0801	9
德阳	13	3	5185	4	131535	4	11.88	4	0.1689	4

续表

	高等学校		专任教师		本专科学生		高学历人口		高等教育综合得分	
	普通高等学校数/所	排序	普通高等学校专任教师数/人	排序	普通本专科在校学生数/人	排序	接受过高等教育的人口占比/%	排序	标准化得分	排序
绵阳	11	4	8065	3	170542	3	12.96	3	0.1989	3
遂宁	1	15	625	16	14703	15	7.48	13	0.0168	14
内江	4	8	2183	11	41080	11	8.06	12	0.0494	12
乐山	3	9	2660	8	49922	10	10.58	6	0.0827	7
南充	7	5	4988	5	100899	5	8.82	10	0.0987	5
眉山	6	7	2351	10	56624	7	9.60	8	0.0813	8
宜宾	2	13	1943	12	36376	13	9.62	7	0.0598	11
广安	1	15	714	15	17250	14	6.51	15	0.0054	16
达州	3	9	1684	13	36700	12	6.92	14	0.0276	13
雅安	2	13	3333	7	53841	9	10.65	5	0.0841	6
资阳	3	9	801	14	14529	16	6.18	16	0.0082	15

（5）成渝地区双城经济圈各城市高等教育综合竞争力分析

根据成渝地区双城经济圈各城市在经济基础、教育实力、文化科技和高等教育四个方面的整体表现，对各城市高等教育综合竞争力进行分析。本研究分别按照熵值法和等权重法计算区域中心城市和其他城市在各个指标上的整体表现，得到各城市高等教育综合竞争力得分和排序见表 6－22 所示。从成渝地区双城经济圈各城市高等教育发展的综合竞争力得分和排序可以看出，中心城市成都的高等教育发展的基础条件最好，重庆位于第 2 位。从两个中心城市在不同指标上的表现来看，整体表现最好的成都在各个指标上都能够保持领先或相对靠前的地位；重庆虽然整体实力靠前，但在人均图书馆藏、文化体育和娱乐业从业人员占比和教育从业人员占比等指标上的表现不够稳定。与中心城市相比，其他城市高等教育综合竞争力还比较薄弱，但总体而言，绵阳、南充、达州和宜宾等区域中心城市由于相对较好的经济基础、文化科技和教育资源，其高等教育综合竞争力要相对较好；区域中心城市乐山和泸州的高等教育综合竞争力不仅弱于其他区域中心城市，也弱于德阳、雅安和遂宁等城市。从各个城市在不同指标上的表现来看，除两个中心城市以外，区域中心城市绵阳在多个指标上均表现出了稳定的优势；但其他5个区域中心城市，由于在一些指标方面存在明显的短板，不仅在综合竞争力方面弱于德阳等城市，而且在不同指标上的表现欠缺稳定性，其高等教育资源与其他城市相比并不具备充分的发展优势。

表6-22　　成渝地区双城经济圈各城市高等教育综合竞争力

	经济基础排序	教育实力排序	文化科技排序	高等教育排序	等权重法综合得分	等权重法排序	熵值法综合得分	熵值法排序
重庆	1	2	6	2	0.7447	2	0.7361	2
成都	2	1	1	1	0.8931	1	0.9066	1
自贡	7	13	10	10	0.1543	11	0.1581	11
泸州	8	11	14	9	0.1377	12	0.1389	12
德阳	3	7	5	4	0.2771	4	0.2850	4
绵阳	5	3	2	3	0.3465	3	0.3546	3
遂宁	10	8	7	14	0.1710	9	0.1725	9
内江	12	12	9	12	0.1305	14	0.1331	14
乐山	6	10	13	7	0.1588	10	0.1626	10
南充	13	5	4	5	0.2271	6	0.2307	5
眉山	11	14	11	8	0.1326	13	0.1362	13
宜宾	4	6	15	11	0.1724	7	0.1736	8
广安	15	15	12	16	0.0886	15	0.0877	15
达州	14	4	3	13	0.2286	5	0.2279	6
雅安	9	9	8	6	0.1720	8	0.1764	7
资阳	16	16	16	15	0.0379	16	0.0371	16

五、成渝地区双城经济圈区域中心城市的城市中心性测算

为了更全面地测度绵阳、乐山、南充、达州、宜宾、泸州、黔江和万州8个区域中心城市的发展实力和成为成渝城市群次级中心城市的潜力，下面我们对各个区域中心城市在各自区域的城市中心性进行测算。此处我们所测度的城

市中心性是指一个区域中心城市为城市群其他城市服务的相对重要性，如果一个区域中心城市对于城市群其他城市的相对重要性越高，则其在城市群中的城市中心性越高，反之，则该城市的城市中心性越低。现有研究对城市中心性进行核算的思路主要从两个方面展开：一方面，学者们认为城市经济发展水平与其他城市联系的紧密程度能较好地反映该城市在区域性城市群中的地位和重要性，因此更倾向于使用能够体现城市之间相互影响的指标来测度城市中心性（周一星和张莉，2003；孙楚仁，2021）；另一方面，一些学者认为，城市中心性主要体现的是某个城市在城市群中的资源要素集聚能力，而人口和劳动力资源的流动最能够体现出城市对其他城市的吸引力，因此多倾向于从人口流动和劳动力就业角度，选取主要行业从业人员、就业规模空间分布等方面指标来刻画城市的中心性（周一星，2001；孟延春和谷浩，2016；张婷麟和孙斌栋，2017；王如玉，2019）。后文我们分别借鉴上述两种思路，采用引力模型和主要行业从业人员综合指标体系来测度成渝地区 8 个区域中心城市在各自区域的相对重要性和影响力，以对各城市的城市中心性进行定量观察。

1. 基于引力模型的区域中心城市中心性指标测度。

我们借鉴现有研究的测算思路，利用引力模型对绵阳、乐山、南充、达州、宜宾、泸州、黔江和万州 8 个区域中心城市在成都平原城市群、川东北城市群、川南城市群、渝东南城镇群和渝东北城镇群的城市中心性进行测算。一般而言，引力模型主要涉及两方面关键要素，第一个要素反映空间节点的经济规模，一般用地区生产总值表示；第二个要素反映空间节点的可达性，现有研究多用地区间的地理距离表示该要素。具体到本章城市间的引力模型研究，一个城市的经济规模反映了其发展水平，一个城市的地理位置在一定程度上决定了其辐射能力，到其他城市的平均距离越短，代表该城市通达性越高且周围的城市密度越大，其辐射能力也越强。因此，上述两方面指标可以综合反映城市在城市群层级中所处的地位及其相对重要性，我们采用城市间地理距离和城市 GDP 指标，构造的城市间的引力系数如式（6－1）所示。

$$R_{ij} = \frac{GDP_i \times GDP_j}{Dis_{ij}} \tag{6-1}$$

其中，R_{ij}代表城市 i 和城市 j 之间的引力系数，GDP_i和 GDP_j则分别表示城市 i 和城市 j 的地区生产总值，Dis_{ij}代表城市 i 和城市 j 之间的地理距离，此处我们采用两个城市行政中心之间的最短公路距离来测算①。由于经济发展水平更高和地理距离越近的城市之间更有可能存在更高频率和更大规模的经济往来，因此 R_{ij}的值越大则表示两个城市之间的经济联系越大；反之，经济发展水平越低和地理距离越长的城市之间的经济联系会越小，表现为两个城市的 R_{ij}的值会较小。

根据式（6－1）得到成都平原城市群、川东北城市群、川南城市群、渝东南城镇群和渝东北城镇群中任意两个城市之间的引力系数 R_{ij}以后，我们利用每个城市对城市群内所有其他城市的平均引力值来计算每个区域中心城市的城市中心性。具体地，区域中心城市 c 在 t 年的中心性指标的计算方法如式（6－2）所示。

$$C_i = \sum_{j=1}^{n} R_{ij}/n \tag{6-2}$$

其中，C_i 代表区域中心城市 i 在相应城市群中的城市中心性，n 为城市群包含的城市总数，R_{ij}代表城市 i 和城市 j 间的引力系数。本章基于引力模型的成都平原城市群城市中心性的测算结果如表 6－23 所示。

表 6－23　　成都平原城市群城市中心性和城市规模排序

地区	城市中心性	城市中心性排序	城市规模排序
绵阳	41599.96625	2	1
乐山	22655.1649	3	3
德阳	42140.84492	1	2
眉山	22184.00921	4	4
雅安	9365.210153	6	6
资阳	11421.43408	5	5

成都平原城市群。表 6－23 报告了成都平原城市群中各个城市的城市中心性排序，并列出了根据总人口规模大小得到的城市规模排序和城市中心性指标进行对比。从成都平原各城市的城市中心性得分可以看出，德阳的城市中心性最强，绵阳和乐山作为成都平原城市群的区域中心城市，虽然城市规模较

① 本章中两个城市之间的最短公路距离是利用百度地图进行测算的；同时，我们也尝试过采用其他衡量地理距离的方法来计算引力系数，并据此计算城市中心性，发现不同的地理距离测量方法对各个城市在成渝城市群中的城市中心性指标几乎没有影响。

大，但其城市中心性却低于德阳，排名第二和第三位，眉山、资阳和雅安排名第4~6位。可见，从侧重于地区经济总量和地理距离的引力模型角度来看，绵阳和乐山在成都平原城市群中的城市中心性还有待进一步提升。

川东北城市群。表6-24报告了川东北城市群各个城市相对于其他城市的城市中心性得分和排序。可以看出，区域中心城市南充和达州不仅在城市规模方面排名前列，在城市中心性方面也表现出了明显的优势；除两个区域中心城市以外，同属于成渝地区双城经济圈规划范围的广安的城市中心性仅次于达州，而广元和巴中的城市中心性均较低。整体来看，川东北城市群各城市的城市中心性得分与城市规模是高度契合的。

表6-24　川东北城市群城市中心性和城市规模排序

地区	城市中心性均值	城市中心性排序	城市规模排序
南充	22863.11	1	1
达州	17165.59	2	2
广安	16497.44	3	3
广元	7468.80	5	5
巴中	8613.95	4	4

川南城市群。表6-25报告了宜宾、泸州、自贡和内江4个川南城市群城市的城市中心性得分和排序情况。可以看出，区域中心城市宜宾在城市中心性和城市规模方面均排名第一，而另一个区域中心城市泸州虽然城市规模较大，但其城市中心性略弱于自贡，排名第三。值得一提的是，从各城市的城市中心性均值可以看出，各城市的城市中心性得分差距较小，这说明川南城市群各城市之间的发展较为均衡，虽然宜宾在城市规模和中心性方面展现出了一定的辐射力，但城市群资源集聚趋势并不明显。

表6-25　川南城市群城市中心性和城市规模排序

地区	城市中心性均值	城市中心性排序	城市规模排序
宜宾	52062.08	1	1
泸州	43124.66	3	2
自贡	45856.57	2	4
内江	38944.36	4	3

渝东南城镇群。表6-26报告了黔江、武隆、石柱、秀山、酉阳和彭水6个渝东南城镇群城市的城市中心性得分和排序情况。从表6-26可以看出，在渝东南城市群中，作为区域中心城市的黔江，城市中心性落后于彭水，排名第二，其城市规模仅排名第四。可见，不论是从城市中心性指标，还是从城市人口规模来看，黔江的区域中心城市的集聚力和辐射力还没有充分发挥，其作为区域中心城市的影响力和中心性还有待进一步提升。

表6-26　渝东南城镇群城市中心性和城市规模排序

地区	城市中心性均值	城市中心性排序	城市规模排序
黔江	544.35	2	4
武隆	452.82	5	6
石柱	279.12	6	5
秀山	472.57	3	3
酉阳	458.46	4	1
彭水	586.20	1	2

渝东北城镇群。表6-27报告了万州、梁平、城口、丰都、垫江、忠县、开州、云阳、奉节、巫山和巫溪11个渝东北城镇群城市的城市中心性和城市规模情况。从表6-27可以看出，在渝东北城镇群中，由于较大的经济总量和便利的交通基础条件，区域中心城市万州不论是在城市规模方面还是在城市中心性方面均表现出了较为突出的优势，其作为区域中心城市的集聚力和辐射力较强。此外，开州、云阳、忠县、垫江等属于成渝地区双城经济圈规划范围的区县城市中心性表现也相对较好，而城口、巫溪和巫山等区县的城市中心性较弱。

表6-27　渝东北城市群城市中心性和城市规模排序

地区	城市中心性均值	城市中心性排序	城市规模排序
万州	3731.05	1	1
梁平	1936.81	4	7
城口	98.93	11	11
丰都	951.08	8	8
垫江	1421.78	6	6
忠县	1513.03	5	5

续表

地区	城市中心性均值	城市中心性排序	城市规模排序
开州	2214.90	2	2
云阳	1971.19	3	3
奉节	979.30	7	4
巫山	478.77	9	9
巫溪	275.93	10	10

2. 基于指标体系的区域中心城市中心性指标测度。

前文我们利用引力模型测算了各区域中心城市在相应区域性城市群中的城市中心性。下面我们尝试利用另一种常见思路，从人口流动和劳动力就业分布角度，借鉴周一星（2001）和王如玉等（2019）的指标设计方法，选取了各城市商业、服务业、交通运输信息业和制造业从业人员 4 个一级指标，9 个二级指标和 15 个三级指标来综合测算绵阳、乐山、南充、达州、宜宾、泸州、黔江和万州 8 个区域中心城市在成都平原城市群、川东北城市群、川南城市群、渝东南城镇群和渝东北城镇群的城市中心性。为了更合理地确定指标权重，我们采用熵值法来确定指标权重，并利用等权重法来验证基本结论的稳健性。

（1）成都平原城市群。

表 6－28 报告了从商业、服务业、交通运输信息业和制造业从业人员 4 个角度选取的衡量城市中心性的 15 个三级指标，表格最后一列是我们利用熵值法测算得到的每个指标的权重。按照熵值法确定的权重，我们根据成都平原城市群各城市在 15 个指标上的表现得到了每个城市的城市中心性总得分见表 6－29。

表 6－28　　成都平原城市群城市中心性指标和权重

一级指标	二级指标	三级指标	熵值法指标权重
商业	批发零售	批发和零售业从业人员数	0.0666
	住宿餐饮	住宿和餐饮业从业人员数	0.0653
服务业	金融地产	金融业从业人员数	0.0658
		房地产业从业人员数	0.0690
	社会服务	租赁和商务服务业从业人员数	0.0661
		居民服务、修理和其他服务业从业人员数	0.0678

续表

一级指标	二级指标	三级指标	熵值法指标权重
服务业	科教文卫	教育从业人员数	0.0680
		卫生和社会工作从业人员数	0.0666
		科研综合技术服务业从业人员数	0.0634
		文化体育和娱乐业从业人员数	0.0648
	政府和社会组织管理	水利环境和公共设施管理业从业人员数	0.0672
		公共管理社会保障和社会组织从业人员数	0.0695
交通运输和信息业	交通物流	交通运输仓储和邮政业从业人员数	0.0677
	信息传输	信息传输计算机服务和软件业从业人员数	0.0651
制造业	制造业	制造业从业人员数	0.0671

数据来源：本表中选取的各城市从业人员数据来源于《中国城市统计年鉴 2021》。

从表 6－29 报告的成都平原城市群各城市的城市中心性得分和排序可以看出，不论是采用熵权法还是等权重法，区域中心城市绵阳的城市中心性得分均为 1，在成都平原城市群中排名第一，区域中心城市的城市中心性排名第三，要弱于非中心城市德阳。其他城市中，眉山、资阳和雅安的城市中心性分别排名第 4～6 位，熵权法和等权重法得到的得分和排序是基本一致的。可见，区域中心城市绵阳的城市中心性较强，其资源集聚力和辐射力在成都平原城市群具有优势，但是作为区域中心城市的乐山的城市中心性尚有一定的提升空间，这与前文基于引力模型的测算得到的结果是基本一致的。

表 6－29　　成都平原城市群中心性综合指标排序

城市	熵值法加权总得分	等权重总得分	熵值法城市中心性排序
绵阳	1.000	1.000	1
德阳	0.5291	0.5284	2
乐山	0.3129	0.3110	3
眉山	0.2909	0.2897	4
资阳	0.0483	0.0478	5
雅安	0.0112	0.0109	6

（2）川东北城市群。

为了对川东北城市群各城市的影响力进行进一步探索，表 6－30 我们同样从商业、服务业、交通运输信息业和制造业从业人员4个角度选取指标来综合测度城市中心性，利用熵值法测算得到的每个指标的权重在最后一列列出。按照熵值法确定的权重，我们根据川东北城市群各城市在每个指标上的表现得到了各城市的城市中心性总得分如表6－31所示。

表6－30　　川东北城市群城市中心性指标和权重

一级指标	二级指标	三级指标	熵值法指标权重
商业	批发零售	批发和零售业从业人员数	0.0678
	住宿餐饮	住宿和餐饮业从业人员数	0.0667
服务业	金融地产	金融业从业人员数	0.0598
		房地产业从业人员数	0.0679
	社会服务	租赁和商务服务业从业人员数	0.0652
		居民服务、修理和其他服务业从业人员数	0.0691
	科教文卫	教育从业人员数	0.0690
		卫生和社会工作从业人员数	0.0664
		科研综合技术服务业从业人员数	0.0681
		文化体育和娱乐业从业人员数	0.0635
	政府和社会组织管理	水利环境和公共设施管理业从业人员数	0.0679
		公共管理社会保障和社会组织从业人员数	0.0693
交通运输和信息业	交通物流	交通运输仓储和邮政业从业人员数	0.0649
	信息传输	信息传输计算机服务和软件业从业人员数	0.0669
制造业	制造业	制造业从业人员数	0.0674

从表6－31报告的川东北城市群中每个城市的熵值法加权总得分可以看出，区域中心城市南充的城市中心性熵值法加权总得分为0.9510，在川东北平原城市群中排第一，另一区域中心城市达州的城市中心性熵值法加权总得分为0.7948，排名第二。为验证熵值法结论的稳健性，表6－31第3列我们报告了未采用熵值法而直接采用等权重法计算的城市中心性得分，可以看出，不论采用熵权法还是等权重法计算权重，区域中心城市南充和达州的城市中心性得分均远远高于同区域其他城市，这表明南充和达州具备区域中心城市的资源集聚力和影响力。

表 6-31　　川东北城市群中心性综合指标排序

城市	熵值法加权总得分	等权重总得分	熵值法城市中心性排序
南充	0.9510	0.9512	1
达州	0.7948	0.7936	2
广安	0.1049	0.1036	3
广元	0.0969	0.0956	4
巴中	0.0369	0.0362	5

（3）川南城市群。

为了对川南城市群各城市的城市中心性进行全面的分析，表 6-32 我们从商业、服务业、交通运输信息业和制造业从业人员 4 个角度选取指标来综合测度城市中心性，利用熵值法测算得到的每个指标的权重在最后一列列出。按照熵值法确定的权重，我们根据川南城市群各城市在每个指标上的表现得到了各城市的城市中心性总得分见表 6-33。

表 6-32　　川南城市群城市中心性指标和权重

一级指标	二级指标	三级指标	熵值法指标权重
商业	批发零售	批发和零售业从业人员数	0.0695
	住宿餐饮	住宿和餐饮业从业人员数	0.0694
服务业	金融地产	金融业从业人员数	0.0684
		房地产业从业人员数	0.0690
	社会服务	租赁和商务服务业从业人员数	0.0678
		居民服务、修理和其他服务业从业人员数	0.0693
	科教文卫	教育从业人员数	0.0650
		卫生和社会工作从业人员数	0.0672
		科研综合技术服务业从业人员数	0.0659
		文化体育和娱乐业从业人员数	0.0661
	政府和社会组织管理	水利环境和公共设施管理业从业人员数	0.0602
		公共管理社会保障和社会组织从业人员数	0.0650
交通运输和信息业	交通物流	交通运输仓储和邮政业从业人员数	0.0682
	信息传输	信息传输计算机服务和软件业从业人员数	0.0621
制造业	制造业	制造业从业人员数	0.0671

从表 6-33 报告的川南城市群中每个城市的熵值法加权总得分可以看出，

宜宾城市中心性熵值法加权总得分为0.8466，在川南城市群中排第一，泸州中心性熵值法加权总得分为0.7474，排名第二。为验证熵值法结论的稳健性，表6-33第3列我们报告了未采用熵值法而直接采用等权重法计算的城市中心性得分，可以看出，等权重法和熵值法的测算结果是一致的：川南城市群的两个区域中心城市宜宾和泸州的城市中心性相对较强，具备成为区域中心城市的经济实力，但是同时，泸州与内江等同区域其他城市相比，在资源集聚力和影响力方面的优势还不够稳固，这与前文基于引力模型的得到的结果是基本一致的。

表6-33　川南城市群中心性综合指标排序

城市	熵值法加权总得分	等权重总得分	熵值法城市中心性排序
宜宾	0.8466	0.8444	1
泸州	0.7474	0.7406	2
自贡	0.6106	0.6041	3
内江	0.0551	0.0557	4

（4）渝东南城镇群。

为了对黔江、彭水、武隆、石柱、酉阳和秀山渝东南城镇群6个城市的城市中心性进行全面的分析，表6-34我们从商业、服务业、交通运输信息业和制造业从业人员4个角度选取指标来综合测度城市中心性，利用熵值法测算得到的每个指标的权重在最后一列列出。按照熵值法确定的权重，我们根据渝东南城市群各城市在每个指标上的表现得到了各城市的城市中心性总得分见表6-35。

表6-34　渝东南中心性评价指标表

一级指标	二级指标	三级指标	熵值法指标权重
商业	批发零售	批发和零售业从业人员数	0.0662
	住宿餐饮	住宿和餐饮业从业人员数	0.0613
服务业	金融地产	金融业从业人员数	0.0690
		房地产业从业人员数	0.0745
	社会服务	租赁和商务服务业从业人员数	0.0590
		居民服务、修理和其他服务业从业人员数	0.0583

续表

一级指标	二级指标	三级指标	熵值法指标权重
服务业	科教文卫	教育从业人员数	0.0724
		卫生和社会工作从业人员数	0.0634
		科研综合技术服务业从业人员数	0.0678
		文化体育和娱乐业从业人员数	0.0740
	政府和社会组织管理	水利环境和公共设施管理业从业人员数	0.0623
		公共管理社会保障和社会组织从业人员数	0.0688
交通运输和信息业	交通物流	交通运输仓储和邮政业从业人员数	0.0668
	信息传输	信息传输计算机服务和软件业从业人员数	0.0594
制造业	制造业	制造业从业人员数	0.0767

从表6-35报告的渝东南城镇群每个城市的熵值法加权总得分可以看出，黔江城市中心性熵值法加权总得分为0.7144，在渝东南城市群中排第二，而城市中心性熵值法加权总得分最高的是彭水，为0.7227。为验证熵值法结论的稳健性，表6-35第3列我们报告了未采用熵值法而直接采用等权重法计算的城市中心性得分，从两种方法的测算结果均可以看出：作为渝东南城镇群区域中心城市，黔江的城市中心性虽然明显强于武隆等其他4个区县，但是要略弱于彭水的城市中心性，这与前文基于引力模型的城市中心性测算结果是一致的。可见，黔江在渝东南城镇群虽然具备一定的发展优势，但是作为区域中心城市，其经济发展方面的资源集聚力和辐射力还有待进一步提升。

表6-35　　渝东南中心性综合指标排序

城市	熵值法加权总得分	等权重总得分	熵值法城市中心性排序
黔江	0.7144	0.7014	2
彭水	0.7227	0.7246	1
武隆	0.2606	0.2552	3
石柱	0.2587	0.2443	4
酉阳	0.2576	0.2442	5
秀山	0.2537	0.2401	6

（5）渝东北城镇群。

为了进一步观察渝东北城镇群各城市在城市中心性方面的表现，表6-36

报告了从商业、服务业、交通运输信息业和制造业从业人员 4 个角度选取的衡量城市中心性的 15 个三级指标，表格最后一列是我们利用熵值法测算得到的每个指标的权重。按照熵值法确定的权重，我们根据渝东北城镇群各城市在 15 个指标上的表现得到了每个城市的城市中心性总得分见表 6 – 37。

表 6 – 36　　渝东北中心性评价指标表

一级指标	二级指标	三级指标	熵值法指标权重
商业	批发零售	批发和零售业从业人员数	0.0673
	住宿餐饮	住宿和餐饮业从业人员数	0.0674
服务业	金融地产	金融业从业人员数	0.0653
		房地产业从业人员数	0.0676
	社会服务	租赁和商务服务业从业人员数	0.0629
		居民服务、修理和其他服务业从业人员数	0.0675
	科教文卫	教育从业人员数	0.0677
		卫生和社会工作从业人员数	0.0670
		科研综合技术服务业从业人员数	0.0653
		文化体育和娱乐业从业人员数	0.0667
	政府和社会组织管理	水利环境和公共设施管理业从业人员数	0.0678
		公共管理社会保障和社会组织从业人员数	0.0660
交通运输和信息业	交通物流	交通运输仓储和邮政业从业人员数	0.0674
	信息传输	信息传输计算机服务和软件业从业人员数	0.0667
制造业	制造业	制造业从业人员数	0.0673

从表 6 – 37 报告的渝东北城镇群各城市的熵值法加权总得分可以看出，万州由于在各个指标中均占有优势，其城市中心性熵值法加权总得分为 1，在渝东北城镇群中排名第一，其他城市的城市中心性熵值法加权总得分均较低，与区域中心城市万州存在明显的差距。为验证熵值法结论的稳健性，表 6 – 37 第 3 列我们报告了未采用熵值法而直接采用等权重法计算的城市中心性得分，从第 3 列等权重总得分结果可以看出：区域中心城市万州在渝东北城镇群城市中表现出了很强的城市中心性，在经济发展方面具备为全面的集聚力和辐射力，具备成为成渝地区次级中心城市的实力和影响力，这与前文基于引力模型的测算结果是高度一致的。

表 6-37 渝东北中心性综合指标排序

城市	熵值法加权总得分	等权重总得分	熵值法城市中心性排序
万州	1.0000	1.0000	1
云阳	0.4503	0.4485	2
开州	0.4379	0.4367	3
忠县	0.3405	0.3392	4
梁平	0.2785	0.2773	5
奉节	0.2636	0.2632	6
垫江	0.2633	0.2621	7
丰都	0.2037	0.2026	8
巫山	0.0763	0.0760	9
巫溪	0.0284	0.0282	10
城口	0.0054	0.0054	11

从本节中我们分别利用引力模型和主要行业从业人员综合指标体系对成渝地区 8 个区域中心城市的城市中心性进行的测算发现：成都平原城市群区域中心城市绵阳、川东北城市群区域中心城市南充和达州、川南城市群区域中心城市宜宾以及渝东北城镇群区域中心城市万州在城市中心性方面在各自区域表现出了较强的城市中心性，具备成为成渝地区次级中心城市的潜力，但是同为区域中心城市的乐山、泸州和黔江在各自城市群中所表现出的资源集聚力和辐射力还较为有限，其作为成渝地区次级中心城市的潜力还有待进一步挖掘和提升。

六、本章结论与展望

本章首先从金融资源分布、产业结构分布、人口规模、高等教育资源分布等多个角度，通过与同区域其他城市的全面比较，分析了绵阳、乐山、南充、达州、宜宾、泸州、黔江和万州 8 个区域中心城市的基础实力。最后基于引力模型和综合指标法，从多个角度测算了各区域中心城市在各自区域的城市中心性，以观察其成为成渝城市群次级中心城市的潜力。本章的研究发现：第一，在金融资源分布方面，与同区域的其他城市相比较，绵阳、乐山、南充、达州、宜宾、泸州、黔江和万州8个规划中的区域中心城市在金融资源丰富程度方面均具有成为次级中心城市的潜力，但是相对而言，绵阳、南充、宜宾和万州等城市在金融发展方面的整体竞争力更强，在金融资源方面已初步具备了成为成渝地区双城经济圈次级中心城市的实力，而乐山、达州、泸州和黔江与同区域其他城市相比，其金融资源优势是相对有限的。第二，从产业结构方面来看，8个区域中心城市中，重庆都市圈的两个区域中心城市万州区和黔江区的第三产业占比最高，分别达到61.4%和51.5%，其他城市的第三产业比重均没有超过50%；第二产业占比最高的城市是川南城市群的两个区域中心城市宜宾和泸州；作为川东北城市群区域中心城市，南充和达州的第一产业占比相对较高。成渝地区双城经济圈的8个区域中心城市在产业结构方面各有侧重，且同区域城市表现出了一定的相似性。整体来看，成渝地区区域中心城市间的产业分布相对较为合理，在同区域内表现出了一定的集聚和分工趋势；但是从产业规模和产业结构高级化角度来看，各区域中心城市与成都和重庆这两个中心城市尚有较大差距。第三，从人口分布来看，成渝地区双城经济圈已经拥有重庆和成都两个超大城市，《规划纲要》所确立的8个区域性中心城市虽然基本具备成为成渝城市群次级中心城市的潜力和比较优势，但是其城市整体经济规模和对资源的集聚力还存在明显不足，且同时存在城镇化率较低，人口老龄化程度偏高和对流动人口的吸引力较低的问题。如果与国内外发达城市群相比较，成渝地区双城经济圈区域中心城市的弱势和城市层级体系不够完善的问题可能制约成渝地区双城经济圈整体竞争力和国际影响力的进一步提升。第四，从高等教育资源分布来看，成渝地区双城经济圈的大部分高校资源集中在重庆和成都双核，绵阳和南充等一些发展较好的区域中心城市也集中了部分高校资源，但其他城市的高校资源较为匮乏，成渝地区双城经济圈高校资源的整体分布呈现向“双核”高度集中的状态；从高等教育的发展基础来看，总体而言，绵阳、南充、达州和宜宾等区域中心城市由于相对较好的经济实力、文化氛围和教育资源，其高等教育发展的基础条件要相对较好；而区域中心城市乐山和泸州等城市的高等教育发展的基础条件则相对薄弱。第五，从城市中心性方面来看，我们分别从引力模型和主要行业从业人员综合指标体系对成渝地区8个区域中心城市的城市中心性进行的测算发现：成都平原城市群区域中心城市绵阳、川东北城市群区域中心城市南充和达州、川南城市群区域中心城市宜宾以及渝东北城镇群区域中心城市万州在城市中心性方面在各自区域表现出了较强的城市中心性，具备成为成渝地区次级中心城市的潜力，但是同为区域中心城市的乐山、泸州和黔江在各自城市群中所表现出的资源集聚力和辐射力还较为有限，其作为成渝地区次级中心城市的潜力还有待进一步挖掘和提升。

第七章

优化成渝地区双城经济圈协同发展格局的对策

一、本研究的基本结论

本研究以成渝地区双城经济圈范围内的 16 个地级市及以上城市为对象，基于齐普夫经验法则、引力模型和综合指标体系测算等定量方法，分析了成渝城市群各城市近 20 年以来的城市规模和金融资源的发展演变趋势，并建立面板数据模型，探索了成渝地区双城经济圈金融集聚对城市规模的影响及其可能的机制。本定量研究得到了以下主要研究结论：第一，成渝城市群长期以来一直存在着城市群内部发展不平衡问题，这一问题不仅表现为地理意义上的“中部塌陷”，即位于城市群中间地带的若干城市经济社会发展方面的“塌陷”，也表现为成渝地区双城经济圈城市体系中缺乏有足够实力的次级中心城市的支撑，更表现为从城市规模分布角度来看，成渝城市群人口规模位于中间位次的城市正在越来越偏离城市群自然分布状态下的理想规模；第二，整体而言，成渝地区双城经济圈中金融基础最好的城市是成都和重庆，成渝两市集中了城市群大部分的金融资源，吸纳了成渝地区双城经济圈内 70% 以上的存贷款和 65% 以上的金融从业人员，其他城市均在金融发展方面各有优劣，金融整体发展状况较好的城市同时也存在部分指标上的短板，而金融发展基础较为薄弱的城市也在一些指标上表现出了一定优势，除了成都和重庆以外，并没有城市能够在金融发展方面比其他城市占据明显而稳定的优势；第三，不论是采用固定效应模型、随机效应模型，还是采用考虑了内生性的动态面板数据模型，成渝地区双城经济圈各城市的金融集聚水平均对其城市规模产生了显著的正向影响，这表明金融资源越集中的地方，越能够吸引更多的人口，从而形成更大的城市规模；第四，成渝地区双城经济圈各城市的金融集聚水平会对其产业结构产生显著的正向影响；同时，成渝地区双城经济圈各城市的产业结构的优化，又会显著地促进其城市规模的提升，这证实了金融资源的集聚会通过促进成渝地区双城经济圈各城市产业结构的优化来扩大其城市规模；第五，从金融资源、产业结构、人口规模、高等教育资源分布和城市中心性等角度对成渝地区双城经济圈区域中心城市成为城市群次级中心城市的潜力进行的分析结果表明：在《规划纲要》确立的 8 个区域中心城市中，绵阳、南充、宜宾和万州 4 个城市的整体竞争力更强，在金融资源、人口规模、产业结构和高等教育等方面已初步具备了成为成渝地区双城经济圈次级中心城市的基础实力，但乐山、达州、泸州和黔江等四个区域中心城市与同区域的其他城市相比，其在金融资源、人口规模、产业结构和高等教育等方面的优势相对有限，甚至部分方面还存在劣势，其整体人口规模和经济实力还有待进一步提升。

二、以金融要素分布优化成渝地区双城经济圈协同发展格局的对策建议

金融对经济增长发挥着非常重要的作用，习近平总书记曾指出："金融是现代经济的血液。血脉通，增长才有力""金融活，经济活；金融稳，经济稳"。作为现代经济的核心，成渝地区双城经济圈协同发展格局的优化离不开金融要素的支撑，以金融要素分布的优化来促进成渝地区双城经济圈协同发展是实现成渝地区高质量发展，夯实中国经济增长"第四极"发展实力，促使我国形成"北有京津冀、东有长三角、南有粤港澳、西有成渝"（霍文波等，2022）的区域经济发展新格局的重要突破口。作为现代经济的核心，金融通过提供资金、风险管理、市场定价等关键功能，为实体经济注入了动力和稳定性。成渝地区双城经济圈作为中国经济增长的新引擎，其协同发展格局离不开金融要素的支撑。通过优化金融资源配置、加强区域金融合作、创新金融服务

模式等手段，成渝地区双城经济圈可实现金融与实体经济的深度融合，助推区域经济高质量发展。

1. 推动成渝金融市场一体化建设，提升成渝双核资源要素辐射集聚能力。

区域经济发展理论认为，作为某个区域城市网络的核心节点和经济地理的辐射中心，极核城市是劳动力、资本、信息、创新等要素资源集聚的主要空间载体，资源集聚力的强弱决定了极核城市位势能级的高低，也决定了中心城市通过辐射效应带动城市群协同发展能力的大小（施小琳，2022）。“金融是现代经济的血液”，而金融中心作为资本要素集聚的高级形式，是极核城市集聚和辐射效应得以充分发挥的关键。重庆和成都作为成渝城市群的中心城市，集中了成渝地区大部分的金融资源，在西部地区具有显著的区位优势、产业优势、资源优势和生态优势。在成渝地区双城经济圈一体化建设迈入新阶段的背景下，成渝共建西部金融中心的关键是借助成渝金融中心的功能和地位，发挥其对资源的集聚和辐射效应，引导各种资源加快流向成渝地区双城经济圈建设的重点区域、关键领域和薄弱环节，促进产业、技术、人才、资本、数据、创新等要素资源高效合理配置，推动城市群产业规模的扩大和产业结构的优化，提升成渝双核对优质资源要素的辐射集聚能力和国际影响力，从而支撑成渝地区双城经济圈成为我国西部的重要增长极。然而，与国内其他三个发达城市群的极核城市上海、北京、深圳和广州相比，重庆和成都在金融规模、金融集聚力和金融辐射能力等多个方面尚存在明显差距。例如，根据 2021 年“中国金融中心指数（CFCI）”对中国城市金融综合竞争力的排序，成都和重庆是中西部地区排名最高的城市，分别排名第 6 位和第 7 位，但是与上海、北京、深圳、广州和杭州等东部发达地区中心城市相比还有差距，成都和重庆作为西部金融中心的综合竞争力还有进一步提升的空间。金融资源是最为活跃的要素，金融要素的流动和资源的配置高度遵循市场化规律，重庆和成都要共建西部金融中心，面对的不仅是西部地区，而是与全国乃至世界其他城市的激烈竞争。尽管中央规划的西部金融中心是重庆和成都，但是打造西部金融中心却不能仅仅是重庆和成都的事情，而是成渝城市群共同努力的方向。

一方面，成渝共建西部金融中心要善用内力，有国际影响力的金融中心需要以世界级的城市群作为后盾（王如玉，2019），而成渝共建西部金融中心需要有实力强劲的具有国际影响力的城市群作为支撑。因此，只有成渝地区双城经济圈所有城市协同发力，共同推进成渝金融市场一体化建设，才能为成渝金融中心的集聚力和辐射力的提升打下坚实基础。成渝地区作为中国西部地区的经济增长极，要实现经济快速发展和转型升级，必须加强城市间的协同合作，共同推进金融市场一体化建设。具体而言，双城经济圈各城市应该加强政策协同和产业合作，共同制定金融市场一体化发展规划，打通金融市场壁垒，促进资金、信息和人才等要素的自由流动。同时，要积极推动金融机构跨地域合作，鼓励金融机构在成渝地区双城经济圈设立分支机构，推动金融业务跨地域发展。此外，还要加强金融监管合作，建立健全金融风险防范和化解机制，维护金融市场的稳定和可持续发展。

另一方面，成渝地区共建西部金融中心要善借外力，要充分利用与“一带一路”倡议和西部陆海新通道等开放型政策优势，与中亚、东南亚以及共建“一带一路”国家互利合作，实现充分开放和全面开放，建立国际科技产业支撑，吸引国际化资本和高素质人才共建西部金融中心。成渝地区应该加强与中亚、东南亚等国家和地区的经济合作，推动贸易和投资自由化。同时，成渝地区要积极引进国际先进技术和管理经验，推动科技创新和产业升级。此外，还要加强与共建“一带一路”国家和地区的金融合作，多措并举，推动跨境金融业务繁荣发展，吸引国际金融机构和人才在成渝地区双城经济圈设立分支机构。通过充分借助外部力量，成渝地区双城经济圈可以建立更加开放、包容的金融市场体系，吸引更多国际化资本和人才参与西部金融中心的建设。这将有助于提升成都和重庆两个中心城市的金融影响力和要素辐射力，促进成渝地区双城经济圈的一体化发展，并对中国西部地区乃至全国的高质量发展产生积极的影响。

2. 优化成渝地区金融空间布局，深化城市群协同发展新格局。

金融发展理论指出，一个国家或城市群中的不同城市具有各自的金融职能。例如，一些城市可能主要承担着融资和投资的功能，而另一些城市则可能以金融服务和金融监管为主要职责。这种差异化的金融职能分工，使得各种城市在金融体系中拥有独特的地位和作用。而在这个过程中，金融中心城市、金融增长极和金融支点城市在空间上的有序分布，就构成了城市群内部的基本的金融等级结构（张凤超，2005；罗贞等，2021）。其中，金融中心城市是城市群中金融职能层次、规模和强度最高的城市，它通过发挥集聚和辐射效应，成为城市群金融空间系统的关键节点和核心枢纽，对整个城市群的金融乃至经济发展起到了溢出效应和带动作用；金融增长极城市金融职能层次较高、规模较大、强度较强，在城市群金融空间结构中占有较为重要的位置，金融增长极城市主要通过发挥其集聚效应为地区产业发展和产业结构优化调整提供强有力的支持并有效地促进城市群经济社会发展；相对而言，金融支点城市的金融职能层次较低、规模较小、强度也较弱，大量的金融支点城市构成了城市群金融空间结构的基本支撑点。

长期以来，作为成渝城市群的金融中心城市，成都和重庆集聚了城市群内大部分金融资源，而其他城市的金融资源相对较为匮乏，目前也缺乏具备成为金融增长极实力的城市，大量城市只能构成城市群金融空间布局中的支点城市。这一现象既是市场化规律的结果，也有长期以来的区域发展战略重心方面的原因，成渝要打造西部金融中心，既要侧重重庆和成都“双核”能级的提升，充分发挥其带动力和辐射力，同时也要注重城市群内其他城市，尤其是具备成为金融增长极城市潜力的次级中心城市的金融需求，积极发展适合双城经济圈内区域中心城市和其他城市产业需求的金融服务，构建特色金融产业体系。成渝地区双城经济圈协同发展要求成渝地区形成高效的金融空间布局结构，要优化成渝地区金融空间布局，就要在市场机制占主导作用的前提下，从宏观发展规划和整体布局角度，要明确不同城市在共建西部金融中心和推动成渝地区双城经济圈高质量发展方面所发挥的职能定位，优化成渝地区金融空间布局，解决金融资源分布不均衡和结构不优化的问题，引导金融资源和要素在各个城市之间高效流动和合理配置，形成“成渝双核西部金融中心 + 区域中心城市特色金融增长极 + 众多金融支点城市”协同发展的金融空间体系，既要突出重庆和成都两大金融极核城市共建西部金融中心的重要经济增长极集聚力和辐射带动作用，也要充分发挥区域中心城市的特色金融产业发展的金融增长极的集聚作用，同时也要注重城市群后发展地区的金融和产业需求，形成错位发展、功能互补的城市群现代金融服务体系。

具体而言，重庆应该充分发挥其西部大开发战略支点、长江经济带重要联结点和内陆开放高地的地理资源和国家战略优势，以国家自由贸易试验区发展、中新合作示范项目、西部陆海新通道建设等重要对外合作平台为依托，加大金融开放和金融创新力度，在金融结算和跨境金融服务等相关方面大力推进金融制度改革创新；成都是西部地区金融资源最为丰富、金融规模最大、各类金融机构及中介服务机构数量众多且最具金融活力的城市，也是西部地区最具消费活力和科技创新活力的城市之一，要充分发挥其优势，着力发展科技金融、消费金融、农村金融等。对于成渝地区的区域中心城市和其他城市，要发挥不同城市在电子信息、装备制造、文旅产业、绿色产业、现代农业等方面的优势和特色，大力扶持服务于相关产业发展的科技金融、文旅金融、绿色金融、农业金融等金融支持模式，形成具有突出特色的产业和金融增长极，以带动周边地区经济发展。

3. 加强区域金融市场融合发展，推动毗邻地区合作示范。

成渝地区双城经济圈要构建一体化发展的都市圈，金融市场的一体化发展至关重要。区域金融一体化发展意味着成渝地区各城市在金融发展方面应该协同合作、互联互通、互为依托，实现金融市场的融合发展。这不仅可以提高区域金融市场的整体竞争力，还可以为成渝地区双城经济圈的经济社会发展提供更加稳定和可持续的金融支持。为了实现成渝地区双城经济圈金融市场的一体化发展，各城市需要打破地域限制和行政壁垒，加强城市间金融资源的整合和协同。同时，还需要加强金融基础设施建设，建立统一的金融监管体系和风险防范机制，实现金融信息的共享和快速传递。此外，还需要积极引进国际金融机构和人才，推动金融业务创新和科技创新，提高成渝地区金融市场的国际竞争力。总之，成渝地区要构建一体化发展的都市圈，必须重视金融市场的一体化发展。只有通过城市间协同合作、创新发展、开放共赢，才能打造更加繁荣、稳定和可持续的金融市场环境，为成渝地区的经济社会发展提供更加坚实的支撑。然而，在成渝地区的发展实际中，由于行政区划的限制，各地商业银行等金融主体与其他行政区金融机构的互动和合作活动较少，加之地方政府对本地金融资源分配的干预，金融资源缺乏跨区域流动，也很难实现金融资源的跨区域整合。因此，要充分借助川渝毗邻合作示范政策进行先行先试，利用政策优势率先实现川渝毗邻地区跨区域金融市场融合发展，推动毗邻地区的金融市场一体化发展合作，有望成为形成成渝地区金融一体化发展的重要突破口。

目前，重庆市有13个区县与四川省的6市17县（市、区）毗邻，实现跨区域金融服务合作的空间巨大，要以川南渝西融合发展试验区、渝东北川东北地区一体化发展试验区、西部陆海新通道渝黔综合服务区和渝黔合作先行示范区等川渝和邻近省份的合作示范区为依托，同时加强与璧江长南同城化发展区、成德眉资同城化综合试验区、成德临港经济产业带、成眉高新技术产业带和成资临空经济产业带等区域内同城化示范区和产业发展集群的支持互动，健全金融服务毗邻地区跨区域示范区发展的体制机制，突破行政边界，构建跨区域金融服务的平台，推动已出台的金融支持川渝毗邻地区发展意见的落地落实，因地制宜推进金融政策跨省域协同对接、金融产品和服务协同创新，建立合作共建、互利共赢的区域金融合作机制，率先推动金融资源在川渝毗邻地区的合理流动和高效配置，为金融资源在成渝地区乃至周边省份合理配置创造条件。同时，要注重充分发挥川渝自贸试验区的体制机制优势，探索实施更高水平的贸易投融资便利化试点，加快建设与自贸区发展相适应的金融服务体系，以川渝自贸区金融创新带动成渝地区双城经济圈金融开放发展。

4. 完善金融基础设施，促进资源在成渝地区高效流动。

金融基础设施的互联互通是实现金融经济要素优化配置的重要前提，要打破成渝地区长期以来的金融资源无法有效跨区域流动的困局，需要进一步提升成渝地区金融基础设施水平，加快城市间金融基础设施共建共享，为金融机构跨区域开展业务提供政策保障，以区域间金融基础设施的互联互通促进资源在城市群内的高效流动和合理配置。成渝地区双城经济圈金融基础设施共建共享水平的提升需要同时注重基础设施和制度创新方面：一方面，要夯实成渝地区金融基础设施的基础实力，建设高素质国际化金融人才队伍，构建具有竞争力的金融机构组织体系。具体而言，要从人才引进、人才培养、人才交流等方面深入建设高素质国际化金融人才，要从金融机构培育、金融机构创新、金融机构合作等方面构建具有竞争力的金融机构组织体系，与此同时，要通过完善金融法规、优化金融科技、加强金融风险管理、加强区域金融合作夯实成渝地区金融基础设施的基础实力；另一方面，通过建立合作机制、创新投融资模式、制定统一标准和规范、创新支付体系、共建信用体系、共享金融统计数据、加强政策协调以及加强人才培养与交流等措施，成渝地区可以实现金融基础设施的互联互通，推进各城市在支付体系、信用体系和金融统计数据等方面的共建共享。这将有助于提高金融服务的整体效能和竞争力，推动成渝地区金融市场的协同发展，并为成渝地区的经济社会发展提供强有力的金融支持。

具体来说，提升成渝地区双城经济圈金融基础设施共建共享水平应该从金融人才队伍、金融机构组织体系、支付体系、信用体系、金融统计数据5大重点领域实现突破。

一是加强金融人才队伍建设。首先，要完善金融人才培养体系。成渝地区的高校和培训机构应针对金融行业的特点和需求，设立更多的金融专业课程，提供全面的理论知识教育和实践技能培训。其次，鼓励金融机构与高校之间建立合作关系，提供实习机会，以便学生将理论知识应用于实际工作中。再次，要加强人才引进政策。成渝地区双城经济圈应共建吸引国内外高层次金融人才的制度环境，设立专门的人才引进基金，完善金融人才服务政策和激励机制，培育和引进一批具有全球视野和较强创新意识的国际化高端金融人才；同时，可以依托国内外知名高校和科研院所，打造成渝金融人才库，建设西部金融中心高端智库，以金融管理人才、战略领军人才、紧缺专业人才、青年骨干人才为重点，加快建设一支专业素质过硬、人员结构合理的具有充分国际竞争力的现代金融人才队伍。最后，要提升行业交流和从业人员素质。成渝地区可以定期举办金融行业内的交流活动，如研讨会、论坛等，以便从业人员分享经验、互通有无。同时，鼓励从业人员进行自我提升，如参加专业培训、进修课程等。

二是加快形成具有竞争力的金融机构组织体系，增强成渝地区双城经济圈的金融创新活力和综合服务能力。成渝地区加快形成具有竞争力的金融机构组织体系是一个系统性的工程，需要从多个方面进行推进。首先，成渝地区需要充分发挥自身的资源和区位优势，积极吸引各类金融机构入驻，要进一步加快培育法人金融机构，支持符合条件的主体依法依规发起设立证券公司、理财公司、保险资产管理公司、公募基金管理公司等法人金融机构；同时，积极引进境内外金融机构，为国际多边开发金融机构在成渝地区设立服务共建“一带一路”、中欧班列和西部陆海新通道的业务拓展中心和运营管理中心提供政策支持，为国际金融组织、境外交易所和东盟地区中央银行设立驻华代表机构创造良好条件。其次，成渝地区需要建立健全金融机构组织体系。这包括三个方面：一是推动各类金融机构完善公司治理结构，建立健全内部控制机制，提高经营管理水平；二是鼓励金融机构通过并购、重组、上市等方式进行资本运作，提升其资本规模和财务实力。三是规范发展成渝地区地方金融组织，健全成渝金融中介服务和专业服务体系，通过政策手段鼓励金融专业服务机构创新经营模式和服务业态，开展多元化经营。同时，成渝地区还需要推动金融科技创新。在数字化、智能化的大背景下，金融机构需要不断引入新技术、新模式、新业态，提升服务效率和风险管理水平。成渝地区应鼓励金融机构加大科技创新投入，推动金融科技创新产业的发展，吸引更多的科技人才和创新创业人才加入金融行业。总之，不断完善金融机构组织体系、推动金融科技创新、规范发展地方金融组织，能进一步提升成渝地区的金融竞争力，推动整个区域的经济发展和社会进步。

三是积极推动成渝地区双城经济圈支付体系一体化建设。首先，要加强支付系统互联互通。成渝地区应鼓励各金融机构之间加强合作，打破壁垒，推动跨区域支付结算系统的建设，推进成渝地区移动支付跨区域协同发展，率先推动移动支付在成渝地区公共服务和民生领域的互联互通；积极探索拓展移动支付使用范围，提升境外人员在境内使用移动支付便利化水平；同时，也应推动不同支付系统之间的互联互通，建立统一的标准和规范，实现跨系统、跨平台的资金流动和结算。其次，要建立健全的支付监管体系。在推动支付体系一体化建设的过程中，成渝地区也需要建立健全的支付监管体系。通过制定相应的政策和法规，规范支付结算行为和市场秩序，成渝地区双城经济圈也应建立联合打击支付领域违法犯罪联防机制，防范金融风险和维护金融稳定，服务实体经济发展和高品质生活；同时，也应加强对金融机构的监管力度，确保其合规经营和风险防控。此外，要强化支付系统基础设施建设。建立适应改革创新的多功能开放账户体系，探索开展与川渝自贸试验区建设相适应的本外币合一银行结算账户业务；为了提高支付系统的效率和稳定性，成渝地区需要加强支付系统基础设施建设，这包括加强网络建设、提高系统处理能力、优化业务流程等，以提升整个支付体系的运行效能和服务质量。最后，要加强人才培养和合作。成渝地区应积极培养和引进支付结算领域的高素质人才，提高该领域的专业水平和综合素质；同时，还应加强与其他地区和国家的交流与合作，借鉴先进的支付体系建设经验和管理模式，推动成渝地区支付体系一体化建设的创新和发展。

四是加强成渝地区信用体系基础设施互联互通。要大力发展征信、信用评级市场，推进信用评级和担保体系建设，推动成渝地区信用体系一体化、市场化建设，在行业政策制度体系框架下，逐步形成统一的区域信用政策制度和标准体系；推动成渝地区地方征信平台互联互通，建立信用信息共享机制，依法加大信用信息归集、共享和开发利用力度；协同推动地方资产管理公司等地方法人金融机构接入人民银行征信系统；完善信用信息披露制度，鼓励和引导各类市场主体积极参与信用体系建设，规范披露内容和方式，提高信用信息的透明度和准确性，降低信息不对称现象；成渝地区应积极加强与其他地区和国家在信用体系建设方面的交流与合作，借鉴国际先进经验和技术手段，提高信用体系建设的整体水平，还应推动跨境信用合作，促进成渝地区与国内外市场的互联互通。

五是协同推进金融统计数据共建共享共用。首先，要建立统一的数据平台和标准，加大成渝地区双城经济圈金融统计基础设施建设投入。成渝地区可以共同建立一个用于金融统计数据的平台，制定相关的标准和规范，以确保数据的规范性和一致性。此平台可以由政府或相关行业协会牵头建立，以实现跨部门、跨地区的数据共享和交流。其次，要加强数据共享意识。成渝地区的金融机构应树立数据共享的意识，理解数据共享对于整个地区金融业发展的重要性，在保障数据安全和隐私的前提下，愿意将自身掌握的金融统计数据共享出来，以实现更广泛的用途。同时，推广金融科技的应用。利用人工智能、大数据、云计算等金融科技手段，提升成渝地区金融统计数据的处理能力和效率；可以联合开展金融科技领域的基础、共性和关键技术研发，以及重大应用试点示范，推进金融科技研究成果在成渝地区的率先落地应用从而推动成渝地区金融综合统计数据共享。此外，建立数据共享的激励机制。成渝地区可以共同建立一套数据共享的激励机制，对于积极参与数据共享的金融机构或个人给予一定的奖励或政策优惠，以鼓励更多的数据共享行为。最后，加强监管和规范。

成渝地区的政府和监管机构应加强对金融统计数据共建、共享、共用过程的监管和规范，确保数据的真实性和准确性，防止数据滥用或非法使用。

通过以上措施，成渝地区双城经济圈可以更好地完善金融基础设施，促进资源在成渝地区各城市之间高效流动，提高金融服务的效率和质量，促进两地金融业的共同发展。

5. 共建成渝金融生态环境，提升成渝地区经济金融综合竞争力。

金融生态理论是一个相对较新的概念，它强调金融机构所处的外部环境对其生存和发展的重要性。金融生态理论的核心内容包括金融环境的稳定性和适应性。金融环境的稳定性指的是金融机构所处的环境的稳定程度，这种稳定性对于金融机构的运营和发展非常重要。因此，金融生态理论认为，金融机构需要积极应对环境变化，预测市场趋势，制定相应的策略，以保持自身的竞争力和稳定性。金融生态理论的另一个重要内容是适应性。金融机构需要适应不断变化的外部环境，这需要其具备灵活的适应能力。如果金融机构不能适应外部环境的变化，将会面临被市场淘汰的风险。因此，金融生态理论强调了金融机构需要积极适应市场变化，不断创新和改革，以适应不断变化的金融生态环境。因此，金融生态理论认为，金融机构作为社会经济体系中的一员，其生存和可持续发展一方面要以自身制度建设和经营水平的提升为基础，另一方面也离不开其所处的外部环境，其中既包括宏观的经济大环境，也包括微观层面的金融环境，而金融生态环境指的是金融机构所处的微观层面的外部金融环境，包括金融机构赖以生存和发展的各种要素，如金融市场的运作机制、金融机构之间的竞争与合作、政策法规的制定与执行、金融风险的防范与控制、金融产品的创新与发展等，对金融机构的生存和发展产生着深远的影响。综上所述，金融生态理论认为，金融机构要实现自身的可持续发展，不仅要依靠自身内部的改革和创新，还需要关注和适应外部环境的变化，积极应对各种挑战，优化自身的金融生态环境，实现与外部环境的和谐共生（周炯和韩占兵，2010）。金融生态是金融业生存和发展的外部环境和基础条件，良好的金融生态环境有利于金融机构更加合理有效地配置金融资源，推动金融业健康有序发展（严宝玉，2022）。成渝地区各城市要协同共建法治、透明、高效的金融生态体系，为成渝地区的金融业发展营造安全、稳定的金融发展环境，促进成渝地区金融综合竞争力的提升。

一是要加快推进成渝地区金融法治共建，完善地方金融监管法规制度。首先，要加强金融监管机构之间的合作。依托新成立的成渝金融法院，加快建立跨区域调解、仲裁、诉讼的对接机制，建立信息共享机制，建立金融案件审理“绿色通道”，完善金融审判体系，建立与国际接轨的跨境金融法律服务体系，实行金融案件集中管辖、专门审理，依法、有效、稳妥处置金融纠纷、规范金融秩序，实现信息互通、资源共享。其次，推动金融监管法规的制定和完善。成渝地区应该根据金融监管的需要，制定和完善相关的地方性法规和规章，加强对地方金融监管的规范和指导，建立成渝地区司法安全联动合作会议机制，构建联合惩戒制度，加强对恶意逃废金融债权、违法违规金融活动的惩罚执行落实。再次，推进金融监管能力建设。成渝地区应该加强金融监管能力建设，提高监管人员的素质和技能，提高监管工作的质量和效率，强化金融企业合规体系建设，加强行业协会等自律组织建设，提升行业自律管理水平，构建符合企业自身实际的内部控制机制和业务产品制度，推动金融机构良性发展。最后，加强对地方金融风险的监测和预警。成渝地区应该加强对地方金融风险的监测和预警，及时发现和防范金融风险，确保金融市场的稳定和安全。

二是共同优化成渝地区双城经济圈金融发展环境。首先，要大力推进成渝地区信用体系一体化发展，建立信用信息共享平台，提高信用信息的利用效率。其次，持续加强政务诚信、商务诚信、社会诚信和司法公信建设，建立完备的信用信息基础数据库，加强地方征信平台等信用体系互认。最后，健全金融失信黑名单制度，对失信企业和个人进行联合惩戒，提高失信成本，维护金融市场秩序，加快形成覆盖全社会的信用体系。

三是构建成渝地区双城经济圈金融监管协调机制，有效防范化解金融风险。建立金融稳定信息、金融风险信息共享平台，加强跨区域、跨行业、跨市场的金融风险联防联控，防范局部金融风险跨区域、跨行业、跨市场蔓延，这些措施可以通过加强信息共享和合作，提高金融风险的监测和预警能力，及时发现和处理风险点，确保金融市场的稳定和安全；同时，完善金融风险突发事件应急管理处置机制和协同处置机制，协同创建防范非法集资示范区，确保地方政府债务风险可控、不变相新设地方融资平台公司、不新增地方政府隐性债务，共守不发生系统性金融风险底线，从而加强应急管理和处置能力，及时发现和处理突发事件，避免风险扩散和蔓延，确保金融市场的稳定和安全；最终成渝地区双城经济圈还可以共同推进金融法治建设，加强金融监管执法和司法公正，维护金融市场秩序和公平正义。通过以上措施，成渝地区可以共同构建一个稳定、安全、健康的金融生态环境，促进地区经济的发展和社会进步。

四是联合出台优惠政策，进一步优化成渝地区双城经济圈营商环境。首先，完善金融市场建设方面的财政支持、税收优惠、法治建设和金融人才引进等政策，营造更加良好的金融营商、金融法治和金融优惠政策等环境。其次，应实施统一的准入制度。成渝两地可以共同制定市场准入标准，规范审批流程，降低企业准入门槛；对于新设立的企业，可以采取简化审批程序、放宽注册资本要求等措施，提高办事效率。再次，打造便捷高效的服务模式。成渝两地可以共同推进政务服务标准化建设，统一规范政务服务流程，建立跨区域通办机制，加快公共服务普惠便利，建立完善跨区域政企沟通机制，为企业提供更加便捷、高效的服务。最后，保障各类市场主体平等参与竞争，完善法治保障体系。成渝两地可以建立健全反垄断、反不正当竞争的法律法规体系，深化政策法规协同，共同制定和完善营商环境相关的法规和政策，加强知识产权保护，协力保障民营企业合法权益，加强对市场主体的监管和执法力度，保障各类市场主体平等参与市场竞争，推动国有企业改革和混合所有制经济发展，促进不同所有制企业之间的合作和交流，同时，要强化协同监管，规范市场秩序，推动信用体系建设，降低企业的法律风险。

6. 推进高等教育一体化，提升成渝地区人才培养综合竞争力。

高标准建设成渝地区双城经济圈，需要以高质量发展高等教育作为强有力的后盾。成渝两地高等教育协同发展是成渝地区双城经济圈建设的内在要求和关键组成部分，是助力成渝地区双城经济圈担当第四增长极使命的核心智力支撑。实施成渝地区高等教育一体化，不仅能够优化成渝地区高等教育格局，提升成渝高等教育整体实力，也能够有效促进成渝地区产业、人才等要素优势聚集，从而推动成渝地区双城经济圈高质量发展迈上新台阶。

第一，推动成立各类具有特色的高校联盟。2020 年 5 月，由重庆大学、四川大学等成渝地区 20 所高校共同组建的“成渝地区双城经济圈高校联盟”

正式成立，这标志着成渝地区双城经济圈高等教育一体化迈出了坚实的一步。然而，该联盟所涵盖的高校范围有限，仅占成渝地区高校总量的1/10。成渝地区双城经济圈高等教育一体化和综合竞争力的提升仅靠部分头部高校的较为松散的联盟是不够的，未来成渝地区双城经济圈需要借鉴国内外发达城市群的经验，根据不同高校的优势和特色，扶持成立研究型大学、应用型大学、民办高校、高等职业教育等各类高校联盟以及新商科、新工科等专业性大学联盟，只有充分和广泛地调动成渝地区各级各类高校的力量，才能真正提升成渝地区双城经济圈高等教育的综合竞争力。因此，成渝地区双城经济圈应采取措施推动成立各类具有特色的高校共同努力和协作，这将有助于促进成渝地区高等教育的发展和提高整体竞争力。首先，要建立定期交流机制。成渝地区的高校可以定期举行校长论坛、教务主任联席会议等活动，加强高校间的交流与合作。通过互相了解和借鉴，各高校可以更好地认识自身的优势和不足，共同探讨提升教育质量的途径。其次，要共享教育教学资源。为了提高教育质量，成渝地区的高校可以共享教育教学资源。例如，可以共享优秀的教学课件、教案、试题库等，以及开展跨校辅修、跨校选课等，使学生可以获得更加全面的知识和技能。再次，积极推动学科建设。成渝地区的高校可以联合建立学科专业建设协调机制和学科专业动态调整协调机制，推进高校学科专业建设互补发展，形成和强化学科专业发展的优势特色；同时，可以加强高校间的科研合作，联合申报国家级、省部级科研项目，提高整体科研水平。此外，要加强社会服务。成渝地区双城经济圈高校可以联合建立多学科组成的高端智库和开放式研究机构，提供有力的智力支持和决策服务，提高咨政服务能力，加强与企业、科研院所等的合作，推动产学研一体化发展。最后，完善高校教学评价机制。为了更好地推动高校联盟的发展，成渝地区可以建立健全的评价机制。该机制应基于公平、公正、透明的原则，对联盟内各高校的教育教学质量、科研成果、社会服务等多个方面进行全面评价；通过评价结果的应用，对各高校进行奖惩，促进联盟内各高校的良性竞争和发展。

第二，优化成渝地区高等教育资源布局。前文的研究发现，成渝地区双城经济圈高等教育资源呈现向“双核”高度集聚的分布，有超过30%的城市没有本科高校，接近40%的城市没有公办本科高校，也有近40%的城市没有民办高校。由于高等教育发展与地区经济增长之间相辅相成的关系，高等教育资源分布的不平衡很可能使得落后地区陷入高等教育资源不足和经济增长乏力的恶性循环。因此，要破解成渝地区双城经济圈后发地区的经济发展落后和智力资源不足的困境，一方面需要上一级教育部门和地方政府善用行政干预的手段，通过对公办高校资源分布的引导和民办高校办学环境的优化来调节和改善高校资源在成渝地区双城经济圈内分布不均的现状，从而建设环成渝高校创新生态圈和成渝地区双城经济圈高校联盟，形成协同创新体系，提升高等教育资源共享水平；要通过政策优惠，大力扶持民办院校和专科院校的发展，以弥补公办高校不足所带来的高等教育资源缺失；要通过推进成渝地区双城经济圈高等教育协同育人、协同创新工程和优质教育资源共建共享工程，引导并鼓励成渝地区的高校发挥学科优势，开展创新攻关与成果转化应用，推动优质数字资源和校外教育资源的共享。另一方面，应通过政策优惠鼓励和吸引城市群内外高等院校在高等教育资源相对不足的地区设立分校或研究机构，大力支持高等院校和科研机构向经济增长和高等教育发展潜力较大的区域性中心城市布局，从顶层设计和区域分布规划方面推动成渝地区双城经济圈高等教育一体化建设。

第三，加强成渝地区一流高校培育和高素质拔尖创新人才的培养。从本研究可以看出，成渝地区双城经济圈虽然有较为丰富的高校资源，但是高水平高层次高等教育资源的数量与国内发达城市群尚存在较大差距，甚至与东北地区和西北地区相比也没有明显的优势，这是成渝地区双城经济圈高等教育发展方面的一个重要短板。高等教育一体化的核心是人才培养模式的革新，为了补齐成渝地区双城经济圈在高层次高等教育资源和拔尖人才培养方面的短板，首先，成渝地区的政府和高校应该共同制定一流高校培育和高素质拔尖创新人才培养的战略规划，这个规划应该明确目标和任务，包括提高高校教育质量、增强科研实力、推动产学研一体化等方面；其次，应该推动建立高水平研究型大学联盟，进一步加强成渝地区高校与国内外高水平大学和研究机构的合作，同时支持和培养在部分领域具有高层次和高素质拔尖人才培养能力的专业型高校，培育足够数量的“双一流”建设高校和学科以支撑成渝地区双城经济圈高质量发展对高素质拔尖创新人才的大量需求；最后，应加强师资队伍建设，注重教师队伍的建设，推进教育教学改革，探索创新人才培养模式，注重学生创新思维和实践能力的培养，加强实践环节，鼓励学生参与科研项目、创新创业等活动，提高学生的实践能力和创新意识。

第四，推动成渝地区高等教育数字化转型。当前，新一轮信息技术的迅猛发展正孕育着一场空前的产业革命，对于成渝地区双城经济圈内的各级各类高校而言，其现有的学科结构与新一轮产业技术革命交叉融合是必然的趋势。尤其是对于高等教育资源相对靠后的地区来说，数字化技术的日新月异极大地改变了高等教育资源的共享方式，这也为后发地区提供了更好的追赶机会。因此，应该大力支持成渝地区双城经济圈高校顺应数字化发展大趋势，坚持开放办学，推动传统的人才培养、科学研究和办学合作模式的数字化转型。首先，政府应发挥引领作用，制定高等教育数字化转型的发展规划和政策，设立专门的指导和协调机构，推动数字化转型的顺利进行。其次，高校是数字化转型的主体，应根据自身的办学定位和学科特点，制定符合实际的数字化转型战略和实施方案，应加强数字化基础设施建设，提高数字化教育资源的整合能力和服务水平，为学生和教师提供更加便捷、高效的学习和研究支持，积极鼓励和支持高校与国外高水平大学开展中外合作办学，支持成渝地区高校与国内外一流高校和科研机构在成渝地区合作建设研究院和研发中心，同时建设国际合作教育园区，支持引进境外优质教育机构在成渝自由贸易试验区内设立职业培训和职业教育机构，提升成渝地区高等教育的综合竞争力。最后，企业也是推动高等教育数字化转型的重要力量，企业可以通过技术创新、产学研合作等方式参与数字化转型，提供先进的数字化技术和设备支持，促进高等教育与产业对接和融合发展。

7. 适应数字技术发展趋势，强化金融科技创新支撑。

在数字技术发展日新月异的背景下，中共中央于 2023 年初正式印发《数字中国建设整体布局规划》，该规划指出，建设数字中国是数字时代推进中国式现代化的重要引擎，是构筑国家竞争新优势的有力支撑。对于成渝地区来说，应该适应数字技术发展趋势，抓住数字中国建设机遇，进一步强化成渝地区金融科技创新支撑。

第一，加强成渝地区数字技术研发与应用。加强数字技术研发与应用是推动成渝地区产业数字化转型的关键环节。一是加强成都数字产业化，构建协同化技术创新体系。近年来，成都在大数据、5G、人工智能、区块链方面互联网技术应用发展成果显著，各项数据均位居全国前列。在未来发展中，要进一步以“数字产业化”为重点，加快成都国家级数字经济创新发展试验区建设，加强高端芯片、人工智能等领域关键数字技术创新，加强数据、信息、技术、算力、算法等新要素协同，加强“芯屏端软智网”产业协同，推动数字技术多行业融合渗透，合力推动数字产业化发展。二是加强重庆产业数字化，构建生态化现代产业体系。目前，重庆传统几大支柱产业存在大而不强、大而不优等问题，亟须通过数字化转型发展实现传统产业升级。因此，在产业数字化方面，重庆应该支持企业数字化、智能化提能升级，积极发展工业互联网、物联网，建设一批数字车间、智能工厂、柔性工厂、共享工厂。同时，引导高校、企业、研究机构深度合作，建立产学研用协同创新机制，推动成渝地区高校、研究机构、企业等共同参与数字技术研发与应用，联合共建数字化转型关键共性技术研发机构，围绕重庆支柱产业，积极开展大数据、云计算、人工智能、5G、物联网和区块链等新一代数字技术应用和集成创新，运用数字技术，不断提升生产与市场的链接水平，合力推动产业数字化转型。三是加强数字安全保障，建立健全成渝地区网络安全防护体系，提高网络安全技术水平。同时，应着力加强数据安全管理和隐私保护，防范数据泄露和滥用。

第二，加大成渝地区科技金融发展的力度。科技金融的发展可促进创新链与产业链深度融合，助力实现高水平科技自立自强。要加强成渝地区科技金融发展，一是扩展融资渠道。政府应着力健全融资机制和扩展融资渠道，如在现有的基础上增加民间融资方式，通过加强各机构对科技金融的投资力度助力科技金融的不断发展。同时，成渝地区应协同制定优惠和补贴政策，如税收优惠、财政补贴、贷款贴息等，为科技金融发展提供支持。并针对中小微企业科技发展困境，加大对此类科技企业的支持与帮扶。同时，要兼顾银行与企业的双方利益，对于中小微企业风险低的项目持续跟进，对于风险高的项目在评估后给予适当融资支持。二是加强企业自身管理。对于科技企业来说，应在财务管理和产业结构方面进行统筹，提升自身信用，使金融机构乐意为其融资，同时可以通过推广互联网金融、移动支付等新兴金融业态，为科技型企业提供更加便捷的金融服务。三是建立良好的中介体系。针对科技企业与金融机构之间信息不对称等问题，成渝地区应该主动完善信息中介体系。通过各级政府公共服务平台为科技企业和金融机构提供信息引导，使二者之间得到有效信息与服务，进而推动科技企业运营和金融机构收益。四是加强风险评估和管理。在加大科技金融发展的同时，应注重风险评估和管理。成渝地区应通过建立完善的风险评估体系、强化风险预警和监测机制等方式，确保科技金融市场的稳健发展。

第三，完善成渝地区数字基础设施的建设。完善数字普惠金融基础设施建设，将为数字经济时代的成渝地区双城经济圈高质量发展构筑新的优势。数字基础设施建设具有相当强的正外部性，其建设和完善会使多方受益，因此，推动成渝地区数字基础设施建设需要政府、金融机构、企业和社会各方共同努力，强化多元投入体系，加强建设合作和创新。作为成渝地区双城经济圈数字普惠金融空间网络建设的重要组成部分，数字普惠金融基础设施建设需要进一步完善。一方面，加强数字普惠金融的企业类基础设施建设，例如，建立专门面向广大中小型企业的具有处理金融数据能力的平台中心，以金融科技赋能传统普惠金融。建立面向数字化转型企业的产业基金，以数字技术整合各类普惠金融服务资源，助力中小企业完成数字化转型，推动传统基础设施与新一代信息技术融合升级，形成新型基础设施，提高数字金融基础设施的整体效能和服务水平。另一方面，加强数字普惠金融的个体类基础设施建设。成渝地区应积极布局，加强建设涵盖全农村地区的通信网络，提高成渝农村地区电信基站覆盖率，同时以金融科技增加金融产品的多样性，使数字普惠金融愈加精细化和多元化。

8. 促进产业结构升级，推动产业与数字普惠金融融合发展。

在新形势下，成渝地区双城经济圈应该大力推动产业与数字普惠金融融合发展，进一步推进成渝地区产业结构升级。当前，实现数字普惠金融与产业的深度融合，不仅有赖于政府的推动和支持，也需要企业、市场和技术等多方面的共同参与和协作。只有通过推动先进制造业、生产性服务业、生活性服务业与数字普惠金融融合发展等措施的有效实施，才能够实现数字普惠金融和产业结构的升级转型的良性互动发展，进而推动成渝地区双城经济圈的高质量发展。

第一，推动先进制造业与数字普惠金融融合发展。一是促进成渝地区传统制造业向先进制造业转型。成渝地区有着良好的制造业发展基础，未来应进一步通过大数据、人工智能、移动互联网、云计算等数字技术的便利促进传统制造业向先进制造业转型。传统制造业可以获得更高效、精准的数据分析能力，优化生产过程，提高产品质量和附加值。利用数字化技术成果，推动先进制造业和先进制造工艺融合，实现精细化、个性化、智能化的创新设计和生产，提高生产效率和管理水平。二是加速成渝地区先进制造业和数字经济的融合。围绕做优做强战略性产业，利用人工智能、工业互联网、虚拟现实等数字技术，加速先进制造业与数字经济的相互结合。利用工业互联网技术，可以实现设备与设备、设备与系统之间的互联互通，实现生产过程的自动化和智能化。同时，虚拟现实技术也可以为制造业企业提供更加精准的模拟和仿真能力，为产品设计和生产提供更加精准的数据支持。三是加快数字化技术与数字普惠金融融合发展。数字化技术和数字普惠金融的融合，可以为制造业企业提供更加便捷、快速、高效的金融服务。推进智能工厂、智能装备、智能服务和工业软件等技术方面标准制定，打造统一、综合、开放、融合的标准模式。例如，利用大数据技术对企业的信用状况进行分析和评估，可以为金融机构提供更加准确的企业信用数据支持，帮助企业获得更加精准的融资服务。同时，数字化技术也可以帮助金融机构更好地管理风险和提高效率，进一步推动数字普惠金融的发展。因此，通过数字技术的广泛应用和不断优化，可以加速传统制造业向先进制造业转型，提高制造业的数字化、智能化、精细化水平，进一步优化成渝地区产业结构，推动双城经济圈经济高质量发展。同时，数字化技术和数字普惠金融的融合也可以为制造业企业提供更加便捷、快速、高效的金融服务，帮助成渝地区的企业更好地管理风险和提高效率。

第二，促进成渝地区生产性服务业与数字普惠金融融合发展。一般来说，生产性服务业包括房地产业、金融业和交通运输业等行业，数字普惠金融的发展可以为上述行业的企业解决资金链问题。一是降低数字金融的准入门槛，放宽对相关行业的限制，简化审批流程，为成渝地区更多的中小微企业提供公平参与的机会，从而扩大其生产规模、优化生产结构、扩展多元服务，助力生产性服务业的持续发展。二是加大数字金融对企业的资源支持，政府通过为金融机构提供更多激励措施，如税收优惠、财政补贴等，鼓励金融机构为生产性服务业中的中小微企业提供更多的资金支持，使企业可以获得更多的资金用于技术革新，推动整个生产性服务业向更高水平、更专业化、更先进化的方向发展。三是通过大数据、云计算和人工智能等科技手段对中小微企业进行信息匹配，这些技术可以帮助金融机构更准确地评估企业的信用等级，预测其未来偿债能力，从而消除市场中信息不对称问题，这将增强金融机构的决策能力，提高金融服务的效率和质量，进一步推动生产性服务业的发展。通过上述措施的综合应用，成渝地区可以有效促进生产性服务业与数字普惠金融的深度融合和发展，为成渝地区中小微企业提供更加便捷、灵活、低成本的金融服务，助力成渝地区实体经济的发展。

第三，加强成渝地区生活性服务业与数字普惠金融发展联系。生活性服务业是服务业的重要组成部分，居民消费水平的高低影响着其发展的水平。数字普惠金融可以通过支付方式、数字信贷、数字投资三个方面为消费提供便利进而提高居民消费水平，促进生活性服务业的发展。首先，完善成渝地区数字支付方式。可以通过优化手机支付、网上银行、第三方支付和数字货币支付等手段，便利居民和企业日常支付方式，提高交易效率，进一步刺激消费。数字支付的普及和发展使得消费者可以更加方便快捷地进行支付，同时也可以降低商家交易成本，提高商业效率，这不仅可以为消费者带来更多的购物选择，同时也助力生活性服务业的发展。其次，创新成渝地区金融服务。通过支付宝、花呗、京东白条、淘宝分期等广泛的数字金融服务为广大中低收入群体提供更多消费机会，助力刺激居民消费，从而满足消费者的不同需求，尤其是对于中低收入群体来说，它们可以帮助消费者更好地管理个人财富与消费，促进消费升级，提高消费质量。同时，众多优质金融产品和服务的推出也可以带动生活性服务业的发展。最后，开展多方面数字投资如基金、理财，为相关群体提供投资理财的渠道，进而增强中小投资者的金融素养。数字投资可以让投资者更加方便地了解市场信息和投资机会，进行更加理智和安全的投资；同时，开展多方面数字投资也可以带动更多的资金进入生活性服务业，助力行业发展。此外，对于中小投资者来说，通过数字投资可以不断提高自己的金融素养和投资能力，进而实现更多的个人财富增长和生活性服务业的发展。

9. 深化成渝数字普惠金融，推动区域金融协调发展。

持续深化成渝地区数字普惠金融，推动区域金融协调发展对于成渝地区双城经济圈范围内的银行、保险等金融机构来说有着重要的意义。在数字普惠金融不断深化的过程中，银行机构可以加强数字技术的运用，提高金融服务的覆盖面和效率，为更多人提供便捷、低成本的金融服务；保险机构则可以借助数字技术，针对成渝地区的特点和需求，创新保险产品和服务，更好地保障经济社会发展和人民群众的健康与财产安全。同时，还可以加强与其他金融机构的交流合作，优化金融资源配置，实现共赢发展。

第一，银行机构应增强对成渝地区小微企业和中低收入群体支持。一方面，针对中小微企业而言，银行机构要放宽金融市场的准入标准，为中小微企业数字化转型提供便利。同时，在实际操作中，银行机构可以通过简化审批流程、降低门槛等方式，为中小微企业在融资、贷款等方面提供更加便捷的服务。加快金融机构与数字技术的融合，通过改进移动支付手段来弥补传统网点的不足，鼓励引导传统金融机构在基层增设小微支行，推动基层普惠金融组织的设立，以满足成渝地区小微企业在发展过程中对于资金的需求。在不断提高中小企业资金增量的同时注重盘活资金存量，通过不断创新金融产品和服务，增强银行机构对中小企业金融服务的支持。另一方面，针对成渝地区的中低收入群体来说，银行机构可以不断优化对中低收入群体的贷款审批、理财产品购买等金融服务流程，降低其获取金融服务的难度，节约金融交易成本。同时，银行机构还应该加强对中低收入群体的金融知识普及和教育，提高其金融素养和自我保护能力。对于成渝城市群中发展较为滞后的地区及农村地区的中低收入人群和弱势群体，要加强对其的基本金融知识教育普及，定时开展下乡义务服务支持与帮助以缩小城乡数字普惠金融鸿沟，提升中低收入群体的金融可得性。通过以上措施，银行机构可以增强对成渝地区小微企业和中低收入群体的支持，提高金融服务的普惠性和可及性，为全面建设社会主义现代化国家，实现共同富裕做出更大的贡献。

第二，成渝地区银行机构应不断促进普惠金融产品创新。针对中小微企业、农户和新型农业生产经营主体等普惠金融重点领域“短、小、频、急”的金融需求，成渝地区金融机构需要适应上述客户金融需求特点，不断改进和创新服务方式，打造专属产品服务体系。鼓励银行创新符合普惠金融特点的抵押担保方式和融资工具。扩大涉农物权抵押范围，积极推行农业设施产权抵押贷款融资等方面进行产品创新，破解农业融资瓶颈。此外，成渝地区金融机构应积极探索开展集体建设农地、集体资产股份抵押等业务。在有效防范风险前提下，逐步提升发放信用贷款的比重，大力发展农户小额信用贷款。例如，在农村地区开展了农村承包土地的经营权、农民住房财产权和农村集体经营性建设用地使用权抵押贷款试点，开展林权抵押贷款，开展注册商标专用权、专利权、著作权等知识产权抵质押贷款，缓解“缺担保”难题。同时，对于成渝地区农户而言，能够真正感受到普惠金融的“实惠”的是低息贷款带来的优惠和便捷。银行机构需要不断进行普惠金融产品创新，以更好地满足普惠金融重点领域中的短、小、频、急的金融需求，有效解决普惠金融领域的诸多“痛点”，推动成渝地区普惠金融事业的发展。

第三，成渝地区保险机构应加强普惠性质的保险服务供给。一是弥补新业态人员保险供给缺口。为针对部分欠发达地区脱贫不返贫的政策要求，成渝地区保险机构应当充分考虑低收入群体和各种灵活就业人员以及新业态工作人员的工作特点，创新保险产品设计，满足他们的特殊需求，开发出合适的各类意外伤害保险。此外，研究开发满足特殊环境、特殊岗位工作人群风险保障要求的保险产品，以保障不同人群的权益和安全。二是成渝地区应探索加快开发老年人特定疾病保险。针对成渝地区目前老龄化加剧且高于全国平均水平的问题，成渝地区保险机构应加快开发老年特定疾病保险，一方面要进一步提高投保年龄上限，要满足70岁及以上高龄老年人的保险保障要求，适当放宽投保条件，对有既往病和慢性病的老年人群给予合理保障。另一方面加快开发老年人特定和特殊疾病保险，保障老年人最基本的生活质量，防患于未然。三是有选择性地将部分医保目录外的合理费用纳入医疗保障。通过扩大商业健康保险服务覆盖面，立足长期健康保障，将更多医保目录外合理医疗费用纳入医疗保险保障范围，提高重大疾病保险保障水平。除此之外，成渝地区保险机构还可以通过多种方式加强普惠性质的保险服务供给。一是推进保险产品和服务创新。针对不同人群的需求和特点，保险机构可以开发更加多样化、个性化的保险产品，同时提供更加便捷、高效的理赔服务。二是加强与政府部门合作。成渝地区政府部门在推进普惠金融发展方面发挥着重要作用，保险机构可以与政府部门加强合作，共同推动普惠保险事业的发展。例如，可以参与政府的社会保障体系建设，为政府提供政策建议和技术支持，共同推广政府补贴的保险项目等。三是提高保险服务的可及性。对于成渝地区广大农村地区和小微企业来说，获取保险服务仍然存在困难，保险服务可及性的提高，对于完善成渝农村地区社会保障体系和促进小微企业发展具有重要的意义。

参考文献

[1] 安虎森，殷广卫．中部塌陷：现象及其内在机制推测 [J]．中南财经政法大学学报，2009 (1)：3－8.

[2] 北京大学数字金融研究中心课题组．北京大学数字普惠金融指数 [R]．北京大学数字金融研究中心，2021.

[3] 车欣薇等．一个金融集聚动因的理论模型 [J]．管理科学学报，2012 (3)：16－29.

[4] 陈向阳．粤港澳大湾区金融集聚对技术创新的影响机制及政策建议 [J]．经济问题探索，2021 (5)：165－176.

[5] 陈银娥，孙琼，徐文赟．中国普惠金融发展的分布动态与空间趋同研究 [J]．金融经济学研究，2015，30 (6)：72－81.

[6] 陈志武．金融的逻辑 [M]．北京：中信出版社，2020.

[7] 谌丽，党云晓，张文忠等．城市文化氛围满意度及影响因素 [J]．地理科学进展，2017 (9)：1119－1127.

[8] 程德智，王满仓．黄河流域金融集聚对区域高质量发展的影响 [J]．中国人口·资源与环境，2021 (8)：137－147.

[9] 程玉鸿，孟俊华．基于高端消费文化视角的中国城市中心性及其网络结构的实证分析 [J]．经济地理，2014 (2)：28－34.

[10] 方芳，李长治．金融集聚效应：城市群边界VS省际行政边界 [J]．经济地理，2020，40 (9)：

[11] 冯月，刘志彪．成渝地区双城经济圈的区域差距及驱动因素 [J]．财经科学，2021 (5)：63－76.

[12] 甘星，甘伟．金融集聚对经济增长的影响及行业异质性——基于粤

港澳大湾区的实证研究 [J]. 宏观经济研究, 2020 (7): 33 - 46.

[13] 高一铭, 徐映梅, 季传凤等. 我国金融业高质量发展水平测度及时空分布特征研究 [J]. 数量经济技术经济研究, 2020, 37 (10): 63 - 82.

[14] 郭晔, 黄振, 姚若琪. 战略投资者选择与银行效率——来自城商行的经验证据 [J]. 经济研究, 2020 (1): 181 - 197.

[15] 韩剑萍等. 成渝城市群近40年城市规模分布演变——基于K - S检验的滚动样本回归 [J]. 经济地理, 2019 (8): 59 - 67.

[16] 韩越, 李国庆, 侯佳璇等. 金融集聚、金融支持实体经济效率与区域经济发展 [J]. 现代管理科学, 2023, (4).

[17] 胡滨. 数字普惠金融的价值 [J]. 中国金融, 2016 (22): 58 - 59.

[18] 胡金焱, 张博. 社会网络、民间融资与家庭创业——基于中国城乡差异的实证分析 [J]. 金融研究, 2014 (10): 148 - 163.

[19] 华桂宏, 陈雨佳. 金融集聚、科技创新与城市经济韧性 [J]. 华东经济管理, 2022, 36 (5): 48 - 56.

[20] 化祥雨, 杨志民, 叶娅芬. 金融空间联系与经济增长关系——基于江苏省县域的实证研究 [J]. 经济地理, 2016, 36 (3): 32 - 40.

[21] 黄大为. 金融发展与城市全要素生产率增长——以长三角城市群26个城市为例 [J]. 经济地理, 2021 (6): 77 - 86.

[22] 黄建欢, 吕海龙, 王良健. 金融发展影响区域绿色发展的机理——基于生态效率和空间计量的研究 [J]. 地理研究, 2014, 33 (3): 532 - 545.

[23] 黄解宇, 杨再斌. 金融集聚论: 金融中心形成的理论与实践解析 [M]. 北京: 中国社会科学出版社, 2006.

[24] 黄益平. 数字普惠金融的机会与风险 [J]. 新金融, 2017 (8): 4 - 7.

[25] 霍文波, 余真仪, 杨蕙宇. 成渝地区双城经济圈金融市场一体化建设研究 [J]. 当代金融研究, 2022 (2): 69 - 82.

[26] 雷菁等. 基于交通信息流的长江经济带城市中心性及其影响因素 [J]. 经济地理, 2021 (8): 97 - 105.

[27] 李标, 宋长旭, 吴贾. 创新驱动下金融集聚与区域经济增长 [J].

财经科学，2016 (1)：88 - 99.

[28] 李兵，郭冬梅，刘思勤．城市规模，人口结构与不可贸易品多样性——基于“大众点评网”的大数据分析 [J]．经济研究，2019 (1)：150 - 163.

[29] 李红，王彦晓．金融集聚、空间溢出与城市经济增长——基于中国 286 个城市空间面板杜宾模型的经验研究 [J]．国际金融研究，2014 (2)：89 - 96.

[30] 李林，丁艺，刘志华．金融集聚对区域经济增长溢出作用的空间计量分析 [J]．金融研究，2011 (5)：113 - 123.

[31] 李琼，张蓝澜，李松林，刘毅．中国普惠金融发展水平时空演变特征及影响因素 [J]．经济地理，2021，41 (9)：12 - 21.

[32] 李雨婕，肖黎明．中国绿色金融网络空间结构特征及影响因素分析——基于企业 - 城市网络转译模型的视角 [J]．世界地理研究，2021，30 (1)：101 - 113.

[33] 梁琦．产业集聚论 [M]．北京：商务印书馆，2004.

[34] 梁琦，陈强远，王如玉．户籍改革、劳动力流动与城市层级体系优化 [J]．中国社会科学，2013 (12)：36 - 59.

[35] 林毅夫，孙希芳，姜烨．经济发展中的最优金融结构理论初探 [J]．经济研究，2009，44 (8)：4 - 17.

[36] 刘传江，张劭辉．源头活水：绿色金融之于经济发展——基于金融理论视角的解构 [J]．西北师大学报（社会科学版），2022，59 (3)：134 - 144.

[37] 刘钒，马成龙．绿色金融影响区域经济高质量发展的耦合协调研究 [J]．江西社会科学，2022，42 (6)：42 - 52.

[38] 刘建党，唐杰，梁植军．长三角珠三角城市人口和经济规模分布特征比较研究——基于齐普夫定律的视角 [J]．城市问题，2018 (1)：17 - 25.

[39] 刘乃全，陶云，张学良．中国区域经济增长协整分析与区域政策选择——兼论“中部塌陷”现象 [J]．财经研究，2006 (4)：49 - 57.

[40] 刘蓉，晋晓姝．支持成渝地区双城经济圈建设的财税制度优化 [J]．税务研究，2021 (3)：21 - 25.

［41］ 刘洋，颜华．县域金融集聚、农业机械化与农民收入增长——基于河南省县域面板数据的经验分析［J］．农业技术经济，2021（12）：60－75.

［42］ 罗贞，吴庆跃，冯传奇．成渝地区双城经济圈金融市场融合发展研究［J］．区域金融研究，2021（3）：77－84.

［43］ 马志越，王金营．我国区域中心城市首位度与集聚水平——兼论齐普夫定律检验［J/OL］．西北人口：1－14［2023－10－21］.

［44］ 孟延春，谷浩．基于城市中心性的中国五大城市群研究［J］．城市发展研究，2016（10）：10－20.

［45］ 米建国，李建伟．我国金融发展与经济增长关系的理论思考与实证分析［J］．管理世界，2002（4）：23－30＋36.

［46］ 钱晶晶，钟韵，张横峰．金融集聚与经济高质量发展——基于技术创新的中介效应分析［J］．金融经济学研究，2021（6）：130－141.

［47］ 茹乐峰，苗长虹，王海江．我国中心城市金融集聚水平与空间格局研究［J］．经济地理，2014（2）：58－66.

［48］ 沙莲香．北京人文环境与城市文化氛围［J］．北京社会学，2004（1）：127－134.

［49］ 沈丽，刘媛，李文君．中国地方金融风险空间关联网络及区域传染效应：2009－2016［J］．管理评论，2019，31（8）：35－48.

［50］ 施小琳．为成渝共建西部金融中心贡献成都力量［J］．中国金融，2022（8）：9－12.

［51］ 史文崇．论文化软实力对高等教育的促进作用［J］．甘肃科技纵横，2014（10）：90－91.

［52］ 史育龙，潘昭宇．成渝地区双城经济圈空间格局优化研究［J］．区域经济评论，2021（4）：127－134.

［53］ 孙楚仁，覃卿，王松．城市中心性能促进城市出口结构升级吗——来自中国城市和城市群的证据［J］．世界经济研究，2021（1）：17－31.

［54］ 孙志红，王亚青．金融集聚对区域经济增长的空间溢出效应研究——基于西北五省数据［J］．审计与经济研究，2017，32（2）：108－118.

［55］ 覃剑．金融等级体系与城市等级体系比较研究［J］．技术经济与管

理研究，2016（2）：72－76.

［56］唐松．中国金融资源配置与区域经济增长差异——基于东、中、西部空间溢出效应的实证研究［J］．中国软科学，2014（8）：100－110.

［57］唐文进，李爽，陶云清．数字普惠金融发展与产业结构升级——来自283个城市的经验证据［J］．广东财经大学学报，2019（6）：35－49.

［58］唐亚晖，刘吉舫．普惠金融的理论与实践：国内外研究综述［J］．社会科学战线，2019（7）：260－265.

［59］藤田昌久，保罗·克鲁格曼，安东尼·维纳布尔斯．空间经济学——城市、区域与国际贸易［M］，北京：中国人民大学出版社，2005.

［60］涂建军，况人瑞，毛凯等．成渝城市群高质量发展水平评价［J］．经济地理，2021，41（7）.

［61］王彩萍，李建平．国家金融视角下现代金融体系理论的衍化和创新——基于"六要素论"体系的新思考［J］．金融经济学研究，2022，37（2）：134－145.

［62］王乾，冯长春．城市规模的分布及演进特征——基于18个国家统计数据的实证研究［J］．经济地理，2019（9）：56－64.

［63］王仁祥，喻平．金融创新理论研究综述［J］．经济学动态，2004（5）：90－94.

［64］王如玉等．金融集聚与城市层级［J］．经济研究，2019（11）：165－179.

［65］王文静，刘诗琳．金融集聚与区域创新能力耦合协调研究［J］．经济问题探索，2020（1）：147－155.

［66］王小鲁，夏小林．优化城市规模推动经济增长［J］．经济研究，1999（9）：22－29.

［67］王一乔，赵鑫．金融集聚、技术创新与产业结构升级——基于中介效应模型的实证研究［J］．经济问题，2020（5）：55－62.

［68］王宇，郭新强，干春晖．关于金融集聚与国际金融中心建设的理论研究——基于动态随机一般均衡系统和消息冲击的视角［J］．经济学（季刊），2015（1）：331－350.

[69] 吴燕霞，邵博．成渝地区双城经济圈交通运输、区域经济、生态环境协同发展研究［J］．中共福建省委党校（福建行政学院）学报，2021（6）：120－131.

[70] 肖磊，潘永刚．成渝城市群空间演化研究——基于2000～2015年截面分析［J］．城市发展研究，2019（2）：7－15.

[71] 谢永琴，武小英，沈蕾．粤港澳大湾区城市群多中心网络化空间发展研究［J］．河北经贸大学学报，2021，42（5）：92－100.

[72] 星焱．普惠金融：一个基本理论框架［J］．国际金融研究，2016（9）：21－37.

[73] 熊晓炼，周迎丰．西南地区金融发展水平评价与比较研究［J］．西部论坛，2016，26（5）.

[74] 徐欣，董洪超．城市群金融集聚对科技创新的非对称溢出效应研究［J］．经济问题探索，2021（4）：80－91.

[75] 严宝玉．高质量推动成渝共建西部金融中心［J］．中国金融，2022（8）：13－15.

[76] 杨胜刚，朱红．中部塌陷、金融弱化与中部崛起的金融支持［J］．经济研究，2007（5）：55－67.

[77] 杨晓波，孙继琼．成渝经济区次级中心双城一体化构建——基于共生理论的视角［J］．财经科学，2014（4）：91－99.

[78] 杨晓军．区域与空间视角下中国城市规模分布与增长［J］．人口与经济，2021（5）：81－94.

[79] 姚作林等．成渝经济区城市群空间结构要素特征分析［J］．经济地理，2017（1）：82－89.

[80] 叶文辉，伍运春．成渝城市群空间集聚效应、溢出效应和协同发展研究［J］．财经问题研究，2019（9）：88－94.

[81] 于斌斌．金融集聚促进了产业结构升级吗：空间溢出的视角——基于中国城市动态空间面板模型的分析［J］．国际金融研究，2017（2）：12－23.

[82] 俞勇军，陆玉麒．省会城市中心性研究［J］．经济地理，2005

(3): 352 - 357.

[83] 张兵，翁辰．农村金融发展的减贫效应——空间溢出和门槛特征[J]．农业技术经济，2015 (9): 37 - 47.

[84] 张车伟，蔡翼飞．中国城镇化格局变动与人口合理分布 [J]．中国人口科学，2012 (6): 44 - 57.

[85] 张凤超．金融等别城市及其空间运动规律 [J]．东北师大学报（自然科学版），2005 (1): 125 - 129.

[86] 张国俊，罗利佳，许志桦，周春山．广东省金融包容时空间演化及城镇化效应 [J]．经济地理，2020，40 (12): 137 - 146.

[87] 张浩然．空间溢出视角下的金融集聚与城市经济绩效 [J]．财贸经济，2014 (9): 51 - 61.

[88] 张婷麟，孙斌栋．都市区空间结构与经济发展的互动关系研究 [J]．地理科学，2017 (4): 512 - 518.

[89] 张学良，张明斗，肖航．成渝城市群城市收缩的空间格局与形成机制研究 [J]．重庆大学学报（社会科学版），2018 (6): 1 - 14.

[90] 张芷若，谷国锋．中国科技金融与区域经济发展的耦合关系研究 [J]．地理科学，2020，40 (5): 751 - 759.

[91] 赵倩芳，刘刚，付饶等．基于 POI 数据空间聚集分析的城市多中心结构识别方法 [J]．桂林理工大学学报，2022，42 (4).

[92] 周国富，柴宏蕊，方云龙．金融发展、技术进步与产业结构升级 [J]．云南财经大学学报，2020 (10): 76 - 87.

[93] 周炯，韩占兵．金融生态理论的演进与展望：国内外研究综述 [J]．宁夏大学学报（人文社会科学版），2010 (3): 139 - 143.

[94] 周立，陈彦羽．最优金融空间结构与区域经济协调发展 [J]．河海大学学报（哲学社会科学版），2022，24 (3): 60 - 67 + 115.

[95] 周南南，林修宇．金融集聚、技术创新与经济发展——基于面板数据的空间计量分析 [J]．宏观经济研究，2020 (11): 34 - 48.

[96] 周一星，城市地理学 [M]．北京：商务印书馆，1995.

[97] 周一星，张莉．改革开放条件下的中国城市经济区 [J]．地理学

报，2003（2）：271－284.

［98］周一星，张莉，武悦．城市中心性与我国城市中心性的等级体系［J］．地域研究与开发，2001（4）：1－5.

［99］朱冬青．中国城市规模分布研究［D］．云南财经大学，2021.

［100］朱玉杰，倪骁然．金融规模如何影响产业升级：促进还是抑制？——基于空间面板Durbin模型（SDM）的研究：直接影响与空间溢出［J］．中国软科学，2014（4）：180－192.

［101］Allen F，Gale D. Comparative financial systems：a survey［R］. Wharton School Center for Financial Institutions，University of Pennsylvania，2001.

［102］Alperovich G. Economic Development and Population Concentration［J］. Economic Development and Cultural Change，1992，41（1）：63－74.

［103］Arrau P. The demand for money in developing countries：Assessing the role of financial innovation［J］. Journal of Development Economics 1995，46（2）：317－340.

［104］Auerbach F. Das Gesetz der Bevolkerungskonzentration［J］. Petermanns Geographische Mitteilungen，1913，59：74－76.

［105］Bhunia A. Association between economic growth and financial development：an econometric analysis［J］. Asian Journal of Research in Business Economics and Management，2012，2（6）：27－47.

［106］Brakman S. H.，Uarretsen C.，Van Marrewijk，Van Den Berg，The Return of Zipf：Towards a Further Understanding of the Rank－Size Distribution［J］. Journal of Regional Science，1999，39（1）：183－213.

［107］Cass D.，Citanna A.，Pareto improving financial innovation in incomplete markets［J］. Economic Theory 1998，11（3）：467－494.

［108］Christaller W. Central Places in Southern Germany［M］. Jena：Fischer，1933.

［109］Christiano L J，Motto R，Rostagno M. Financial factors in economic fluctuations［J］. Working Paper，2010，1192：1－131.

［110］Eaton J.，Eckstein Z.，Cities and Growth：Theory and Evidence from

France and Japan [J]. Regional Science and Urban Economics, 1997, 27 (4 - 5): 443 - 474.

[111] Eeckhout J. Gibrat Law for (All) Cities: Reply [J]. American Economic Review, 2009, 99 (4): 1676 - 1683.

[112] Eeckhout J. Gibrat's Law for (All) Cities [J]. American Economic Review, 2004, 94 (5): 1429 - 1451.

[113] Fang L., Li P., Song S. China's Development Policies and City Size Distribution: An Analysis Based on Zipf's Law [J]. Urban Studies, 2017, 54 (12): 2818 - 2834.

[114] Fry M J. Models of financially repressed developing economies [J]. World development, 1982, 10 (9): 731 - 750.

[115] Gabaix X. Zipf's Law for Cities: An Explanation [J]. Quarterly Journal of Economics, 1999, 114 (3): 739 - 767.

[116] Giesen K., Sudekum J. Zipfs Law for Cities in the Regions and the Country [J]. Journal of Economic Geography, 2010, 11 (4): 667 - 686.

[117] Greenbaum S., Haywood C. Secular change in the financial services industry [J]. Journal of Money, Credit & Banking, 1973, (5): 571 - 603.

[118] Greenwood J, Sanchez J M, Wang C. Quantifying the impact of financial development on economic development [J]. Review of Economic Dynamics, 2013, 16 (1): 194 - 215.

[119] Greenwood J, Smith B D. Financial markets in development, and the development of financial markets [J]. Journal of Economic dynamics and control, 1997, 21 (1): 145 - 181.

[120] Hassan M K, Sanchez B, Yu J S. Financial development and economic growth: New evidence from panel data [J]. The Quarterly Review of economics and finance, 2011, 51 (1): 88 - 104.

[121] Hatmanu M, Cautisanu C, Ifrim M. The impact of interest rate, exchange rate and European business climate on economic growth in Romania: An ARDL approach with structural breaks [J]. Sustainability, 2020, 12 (7): 2798.

[122] Hellmann T., Murdock K., Stiglitz J. Financial restrain: towards a new paradigm [M]. New York: Oxford University Press, 1997: 163 - 207.

[123] Henderson J. V. The Types and Size of Cities [J]. American Economic Review, 1974, 64 (4): 640 - 656.

[124] Iacoviello M. Financial business cycles [J]. Review of Economic Dynamics, 2015, 18 (1): 140 - 163.

[125] Kane E. J. Accelerating inflation, technological innovation, and the decreasing effectiveness of banking regulation [J]. Joumal of Finance, 1981, 36: 355 - 367.

[126] Kindleberger C. P, The Formation of Financial Centers: A Study of Comparative Economic History [M]. Princeton University Press, 1974.

[127] Krugman P. Confronting the Mystery of Urban Hierarchy [J]. Journal of the Japanese and International Economies, 1996, 10 (4): 399 - 418.

[128] Levine R. Financial Development and Economic Growth: Views and Agenda [J]. Journal of Economic Literature, 1997, 35 (2): 688 - 726.

[129] Levy M. Gibrat's Law for (All) Cities: Comment [J]. American Economic Review, 2009, 99 (4): 1672 - 1675.

[130] Lotka A. J. Elements of Physical Biology [J]. American Journal of Public Health, 1926, 21 (82): 341 - 343.

[131] Luckstead J., Devadoss S. A Comparison of City Size Distributions for China and India from 1950 to 2010 [J]. Economics Letters, 2014, 124 (2): 290 - 295.

[132] McKinnon R. I., Money and Capital in Economic Development [M]. Washington: The Bookings Institution. 1973.

[133] Merton R. C., Bodie Z. A conceptual framework for analyzing the financial environment, in The Global Financial System: A Functional Perspective. Eds. D. B. Crane, et al., Harvard Business School Press, 1995.

[134] Merton, R. C., Bodie Zvi, Design of Financial System: Towards a Synthesis of Function and Structure [J]. Journal of Investment Management, 2005,

3 (1): 1 -23.

[135] Molyneux. P. , Shamroukh N. Diffusion of financial innovations: The case of junk bonds and note issuance facilities [J]. Journal of Money, Credit & Banking, 1996, 28 (3): 502 -522.

[136] Nogueira M. , Crocco M. , Figueiredo T. , Diniz G. Financial Hierarchy and Banking Strategies: A Regional Analysis for the Brazilian Case [M]. Cambridge Journal of Economics, 2015, 39 (1): 139 -156.

[137] Patrick H T. Financial development and economic growth in underdeveloped countries [J]. Economic development and Cultural change, 1966, 14 (2): 174 -189.

[138] Porteous D. J. The Geography of Finance: Spatial Dimensions of Intermediary Behaviour [M]. Aldershot: Avebury, 1995.

[139] Reed H. C. The Preeminence of International Financial Centres [M]. NewYork: Praeger Publishers, 1981.

[140] Rosen K, Resnick M. The Size Distribution of Cities: An Examination of the Pareto Law and Primacy, Journal of Urban Economics [J]. 1980, 8 (2): 165 -186.

[141] Rossi - Hansberg E. , Wright M. Urban Structure and Growth [J]. Review of Economic Studies, 2007, 74 (2): 597 -624.

[142] Schumpeter Joseph. The Theory of Economic Development Cambridge [M]. M A Haward University Press. 1912.

[143] Shaw E. S. Financial Deepening in Economic Development [M]. New York: Oxford University Press. 1973.

[144] Soo K. T. Zipfs Law and urban growth in Malaysia [J]. Urban Studies, 2007, 44 (1): 1 -14.

[145] Soo K. T. Zipf's Law for Cities: A Cross - Country Investigation [J]. Regional Science and Urban Economics, 2005, 35 (3): 239 -263.

[146] Tobin J. The Monetary Interpretation of History [J]. The American Economic Review, 1965, 55 (3): 464 -485.

[147] Trew A. Finance and balanced growth [J]. Macroeconomic Dynamics, 2014, 18 (4): 883 - 898.

[148] Zhao X. B. Spatial Restructuring of Financial Centers in Mainland China and Hong Kong: A Geography of Finance Perspective [J]. Urban Affairs Review, 2003, 38 (4): 535 - 571.

[149] Zipf G. Human Behavior and the Principle of Least Effort [M]. New York: Addison - Wesley, 1949.

后　记

川渝地区古称“巴蜀”，历来是中国西部最为富庶的地区之一，由于丘陵和盆地众多的相对独立和封闭的自然地理环境，该地区也形成了独具一格、自成一体的经济社会文化风貌。1999 年重庆直辖以后，川渝地区分成四川省和重庆市两个省级行政区域，但川渝分治并没有改变重庆和四川在语言文化和风俗习惯等方面的一体性，两地依然常常被合称为“川渝地区”。可见，在社会文化等诸多方面的同根同源是川渝地区一体化发展最天然的优势。改革开放之后，尤其是进入 21 世纪以来，中共中央一直对成渝地区的一体化发展寄予厚望，从 2003 年“成渝经济区”概念第一次在国家层面的报告中出现，2007 年“成渝经济区”地理范围的正式划定，到 2011 年《成渝经济区区域规划》通过，2016 年国家发改委和住建部联合印发《成渝城市群发展规划》，再到 2020 年和 2021 年中共中央先后审议和正式印发了《成渝地区双城经济圈建设规划纲要》，在新的发展格局下，成渝地区的经济一体化发展进入了新的阶段。

近两年来，在中央政府的高度重视和两地的积极推动下，成渝地区双城经济圈的一体化发展正在加速推进。2021 年，成都市发布《发挥区（市）县改革创新主体作用推动成渝地区双城经济圈建设工作方案（2021～2025 年）》，从构建新发展新格局、建设现代基础设施网络、建设现代产业体系、打造科技创新中心、打造国际消费中心城市、共筑长江上游生态屏障、打造内陆改革开放高地、推进城乡融合发展和强化公共服务共建共享等 9 个方面提出了以区（市）县为主体推进成渝地区双城经济圈建设的 56 项重点任务。2023 年，重庆市公开发布了《重庆市推动成渝地区双城经济圈建设行动方案（2023～2027 年）》，提出了实施提升主城都市区极核引领、建设现代基础设施网络、构建现代化产业体系、加快科技创新中心建设、打造国际消费目的地、推进生态优先绿色发展、勇当内陆省份改革探路先锋、打造内陆开放高地行动、推动城乡融合区域协调发展、高品质生活惠民富民等10项行动，共53项任务。2023年2月，重庆市政府和四川省政府联合发布《推动成渝地区双城经济圈市场一体化建设行动方案》，提出共同完善市场基础设施、共同优化要素资源流通环境、共同健全市场制度规则和共同强化区域市场监管等一系列促进区域市场一体化发展的政策措施。成渝之间一系列推动成渝地区双城经济圈发展的政策措施，标志着成渝地区双城经济圈发展正向着更深更广的层次发展。成渝地区的一体化发展，未来可期！

本书在中共中央大力推动构建以国内大循环为主体、国内国际双循环相互促进的新发展格局的背景下，观察了成渝地区各城市近20年以来的城市规模和金融资源的发展演变趋势，并建立面板数据模型探索了成渝地区双城经济圈金融集聚对城市规模的影响及其可能的机制，最后探讨了以金融要素的集聚为手段，优化成渝地区城市层级体系，促进区域协同发展的路径，并试图分析如何处理好成渝西部金融中心建设与区域协调发展之间的关系，有望为新发展格局下成渝地区双城经济圈高质量发展提供理论支撑和对策参考。

本书的出版得到了重庆工商大学成渝地区双城经济圈建设研究院（原长江上游经济研究中心）的资助，在本书的写作过程中，我们先后得到了重庆市教委人文社科基地项目“基于‘双循环’发展格局的长江经济带营商环境评价与优化研究”（21SKJD077），重庆市教育科学“十四五”规划重点项目“基于成渝地区双城经济圈高等教育一体化的地方高校经济学拔尖人才培养研究”（2021-GX-126），重庆工商大学重点科研项目“成渝地区双城经济圈金融集聚对城市规模分布的影响及对策研究”（2151002），重庆市社会科学规划项目“供需高水平动态平衡视角下中等收入群体消费升级研究”（2021NDYB041），重庆工商大学教育教学改革重点项目“‘新文科’背景下经济学专业教学模式的数字化转型研究与实践”（211001）等研究项目的支持。本书的撰写借鉴和参考了国内外学术同行的大量现有研究，这些成果和资料均以注释或者参考文献的形式在书中标出，我们向这些优秀文献资料的学界同仁们一并表示感谢。当然，由于作者水平有限，本书的内容可能存在诸多错漏和不足之处，希望阅读本书的学界同仁不吝指正！

作　者

2023年10月